Hannah Whitall Smith

CHRISTSEIN TÄGLICH

Herold-Buch

Herold-Schriftenmission e.V.
Postfach 1220, D-35608 Asslar

Bestell-Nr. 14065
ISBN 3-88936-065-3
2. Auflage 1994

Umschlaggestaltung: Christa Claessen
Satz: Herold-Schriftenmission e.V.
Druck u. Verarbeitung: Ebner Ulm
Printed in Germany

Einführung

Die vorliegenden Bibelstudien möchten herausarbeiten, was die Bibel praktisch über das christliche Leben im Alltag zu sagen hat. Ich wollte dabei nicht so sehr die Lehrwahrheiten unseres Glaubens herausstellen, als die praktischen, vernünftigen Grundsätze für den Alltag. Wie man ein christliches Leben mitten in einer unchristlichen Welt leben kann; wie man inneren Frieden mitten im äußeren Tumult erleben kann; wie man die Hand Gottes in praktischen Dingen erkennt, und wie man die täglichen Einzelheiten Seines Willens akzeptiert; wie man sich an einen himmlischen Ort versetzen kann mitten im Wohnzimmer oder der Küche oder dem Kinderzimmer, dem Klassenzimmer oder dem Büro, wenn man Besuch hat oder Strümpfe stopft oder sonst etwas tut. Kurz, wie man die Glaubensgrundsätze sowohl montags bis samstags, wie auch sonntags verwirklichen kann.

Niemand sollte demnach eine theoretische Lehrabhandlung oder irgendwelche religiösen Geheimtips erwarten. Wer jedoch ernstlich bestrebt ist, die handfesten Prinzipien unseres Glaubens kennenzulernen und hindurchzudringen durch alles, was ungewöhnlich oder esoterisch erscheint, wird in diesem Buch eine Antwort finden, die zwar nicht vollkommen ist, die ihm jedoch die praktische Anwendung im Alltag erleichtert. Die biblische Lehre richtet sich vor allem an den ganzen Menschen, und zwar in einem tieferen Sinn als gewöhnlich angenommen wird. Sie hat nichts mit Theorie zu tun, sondern mit vernünftigem Leben. Christsein bedeutet, vernünftig und hingegeben leben. Christlichen Prinzipien zu folgen, bedeutet der höchsten Vernunft und der reinsten Philosophie gemäß leben.

Ich bitte den Heiligen Geist, der die Bibel inspiriert hat, uns zu befähigen, ihre Wahrheit für unser tägliches Leben zu begreifen.

Hannah Whitall Smith

Kapitel 1

»Damit ihr wißt«

»Dies habe ich euch geschrieben, damit ihr wißt, daß ihr ewiges Leben habt, die ihr an den Namen des Sohnes Gottes glaubt« (1. Johannes 5,13).

Zur elementarsten Orientierung im physischen Leben gehört, daß man über seinen irdischen Platz und seinen irdischen Besitz Bescheid weiß. Auch die Bibel legt Wert darauf, daß wir wissen, wo wir in geistlicher Hinsicht stehen. Ungewißheiten hindern den Fortschritt und zerstören die Sicherheit bzw. den Frieden. Und doch scheint es unter Christen irgendwie Mode geworden zu sein, Ungewißheiten im geistlichen Leben als Indikation für die wahre Frömmigkeit zu fördern. Es gibt sehr viel Sehnsucht und Hoffnung unter Christen, aber nicht viel Wissen. Und doch wurde die ganze Bibel zu dem Zweck geschrieben, daß wir wissen. Der Zweck einer Offenbarung ist, etwas offenzulegen. Wenn die Bibel uns nichts anderes offenbart hat als Sehnsüchte und Hoffnungen, ist ihr Sinn an uns verlorengegangen. Aber ich fürchte, eine große Zahl Gotteskinder kommt nie über diese Hoffnungen und Sehnsüchte hinaus. »Ich hoffe, meine Sünden werden eines Tages vergeben.« »Ich hoffe, mir wird am Ende die Gnade zuteil, in den Himmel zu kommen.« »Ich hoffe, Gott hat mich lieb.« »Ich hoffe, Christus ist für mich gestorben.« Solche und ähnliche Aussprüche hört man in christlichen Kreisen. Ich habe sogar Christen gekannt, die nie über den Satz hinausgekommen sind:

»Ich hoffe auf eine Hoffnung.« Würde der Begriff der Hoffnung wenigstens im biblischen Sinne gebraucht, das heißt im Sinne einer festen Erwartung, könnte man ihn noch gelten lassen; aber in der zitierten Anwendung liegt soviel Ungewißheit, daß von einer biblischen Hoffnung keine Rede mehr sein kann. Wir müssen die Worte, derer wir uns bedienen, einmal ganz vernünftig betrachten und feststellen, was wir wirklich meinen. Ich fürchte, sehr oft bedeutet unser Wort Hoffnung nichts anderes als »Zweifel«. »Wir aber haben nicht den Geist der Welt empfangen, sondern den Geist, der aus Gott ist, damit wir die Dinge kennen, die uns von Gott geschenkt sind« (1. Korinther 2,12).

Der Heilige Geist ist uns Christen gegeben worden, um uns zu befähigen, »die Dinge zu kennen, die uns von Gott geschenkt sind.« Zweifel und Unsicherheiten über geistliche Dinge gehören zum Geist dieser Welt. Zum Geist Gottes gehört Wissen. Solange wir nicht sagen können »Ich weiß«, wenn es um Geistliches geht, so lange erlauben wir dem »Geist dieser Welt«, uns zu regieren, statt dem Geist Gottes.

> »Auch viele andere Zeichen hat nun zwar Jesus vor den Jüngern getan, die nicht in diesem Buch geschrieben sind. Diese aber sind geschrieben, damit ihr glaubt, daß Jesus der Christus ist, der Sohn Gottes, und damit ihr durch den Glauben Leben habt in seinem Namen« (Johannes 20,30-31).
>
> »Wer an den Sohn Gottes glaubt, hat das Zeugnis in sich; wer Gott nicht glaubt, hat ihn zum Lügner gemacht, weil er nicht an das Zeugnis geglaubt hat, das Gott über seinen Sohn bezeugt hat. Und dies ist das Zeugnis: daß Gott uns ewiges Leben gegeben hat, und dieses Leben ist in seinem Sohn« (1. Johannes 5,10-11).

Das »Zeugnis«, das Gott uns von Seinem Sohn gegeben hat, wurde zu dem einen Zweck gegeben, damit wir wissen können, daß wir in Seinem Sohn ewiges Leben haben. »Und dies ist das Zeugnis« heißt, daß Gott uns ewiges Leben in Christus gegeben hat und wer an Christus glaubt, dieses Leben hat, und es natürlich wissen muß. Wenn wir diesem Zeugnis nicht glauben und daher nicht wissen, daß wir ewiges Leben haben, machen wir Gott zum Lügner. Das sind harte Worte, aber sie sind völlig logisch: Wer Gottes Zeugnis bezweifelt, macht Gott zum Lügner. Wenn ich am Zeugnis eines Freundes zweifle, mache ich ihn praktisch zum Lügner, wenn ich ihn auch nie so nennen würde. Ich kann Gott nur ehren, wenn ich erkläre, daß das, was Er sagt, die absolute Wahrheit ist und daß ich weiß, daß es wahr ist. Wir können wissen, daß wir ewiges Leben haben, weil Gott uns sagt, daß es so ist. Alles andere ist Nebensache.

Die Bibel geht immer davon aus, daß wir *wissen.* In seinem ersten Brief sagt Johannes: »Ich habe euch nicht geschrieben, weil ihr die Wahrheit nicht kennt, sondern weil ihr sie kennt und wißt, daß keine Lüge aus der Wahrheit ist.« Könnte er das heute noch sagen? »Ihr wißt, daß er geoffenbart worden ist. Wir wissen, daß wir aus Gott geboren sind. Wir wissen, was uns Gott geschenkt hat. Ich weiß, an wen ich glaube. Wir wissen, daß denen, die Gott lieben, alle Dinge zum Guten mitwirken, denen die nach seinem Vorsatz berufen sind. Wenn ich sagen würde, ich kenne ihn nicht, würde ich lügen. Wir wissen, daß wir ihm gleich sein werden, wenn er offenbar werden wird. Wir wissen, daß, wenn unser irdisches Zelthaus zerstört wird, wir einen Bau von Gott haben, ein nicht mit Händen gemachtes, ewiges Haus in den Himmeln.« Die Bibel ist voll solcher Behauptungen. Was wäre, wenn wir statt *wissen*, das Wort *hoffen* einsetzen würden? Nirgends macht die Bibel auch nur die leiseste Andeutung, daß Kinder Gottes nicht absolut sicher sein können über ihre Beziehung zu Gott als Kinder und Seine Beziehung zu ihnen als Vater. Dieselben Zweifel und Fragen, die heute die Herzen der Christen plagen, gab es auch in biblischer Zeit, aber diese Zweifel wurden aufgrund der Verheißung Gottes, daß Seine Liebe und Barmherzigkeit unwandelbar sind, überwunden. Die Grundlage, die allen gemeinsam war und auf der alle Gebote und Ermahnungen fußten, war die Tatsache, daß diejenigen, denen Gebote und Ermahnungen gegeben wurden, wußten: Wir sind Gottes Kinder, und Er ist unser Vater.

> »Ich schreibe euch, Kinder, weil euch die Sünden vergeben sind um seines Namens willen. Ich schreibe euch, Väter, weil ihr den erkannt habt, der von Anfang an ist. Ich schreibe euch, ihr jungen Männer, weil ihr den Bösen überwunden habt. Ich habe euch geschrieben, Kinder, weil ihr den Vater erkannt habt. Ich habe euch, Väter, geschrieben, weil ihr den erkannt habt, der von Anfang an ist. Ich habe euch, ihr jungen Männer, geschrieben, weil ihr stark seid und das Wort Gottes in euch bleibt und ihr den Bösen überwunden habt« (1.Johannes 2,12-14).

Selbst die kleinen Kinder sollten wissen, daß ihre Sünden vergeben waren und Gott ihr Vater war. Es ist doch logisch, daß man zuerst einmal seinen Standort kennen muß, bevor man überhaupt etwas in Angriff nehmen kann. Wie es je dazu kommen konnte, daß unter Christen ein solcher Nebel von Zweifeln und Unsicherheit über die Beziehung der Seele zu Gott toleriert und manchmal sogar eingeimpft werden konnte, ist mir ein Rätsel.

Bei den Israeliten durfte keiner einen Dienst tun, dessen Nationalität oder Stammbaum nicht einwandfrei feststanden..

Im ersten Kapitel von 4. Mose heißt es, daß nur diejenigen gemustert werden durften, die ihre Abstammung durch das Geburtsregister beweisen konnten. Im zweiten Kapitel Esra wird betont, daß diejenigen als unrein vom Priesteramt ausgeschlossen wurden, die ihre Eintragung im Geschlechtsregister nicht finden bzw. ihr Vaterhaus und ihre Abstammung nicht angeben konnten. Jegliche Zweifel und Unsicherheiten an diesem Punkt machte sie zum Dienst unfähig (vgl. 4.Mose 1,2.17-18;Esra 2,62-63). Dasselbe gilt für die Christen unserer Zeit. Wir können weder zum Heer des Herrn gehören noch eine priesterliche Beziehung zu Ihm aufnehmen, bis wir unsere Abstammung im Geburtsregister nachweisen können und das Geschlechtsregister uns als Kinder Gottes ausweist.

Es ist doch ziemlich abwegig, wenn ein Mensch sich anschickt, andere ins Vaterhaus zu rufen, wenn er selbst nicht einmal weiß, ob er dort ein Recht hat oder nicht. Und doch, fürchte ich, ist es viel zu oft der Fall, daß selbst Gemeindevorsteher sich nicht sicher sind in bezug auf ihr geistliches »Geburtsregister.«

Ich kannte eine Quäker-Gemeinde, wo einer der Freunde ein bis zwei Jahre lang »seine Gabe im Dienst ausgeübt« hatte. Bei den Quäkern werden Pastoren nicht durch ein Studium oder den Bischof berufen. Nachdem eine zeitlang in der Gemeinde »die Gabe ausgeübt« wird, beraten sich die geistlich Gesinnten der Gemeinde und entscheiden, ob dieser Freund wirklich eine »Gabe im Dienst« vom Herrn empfangen hat. Wenn sie sich dafür entscheiden, wird diese Gabe anerkannt und dieser Freund wird als Pastor »anerkannt« oder »empfohlen«. Im Falle dieses Freundes wurde die Sache mehrmals den geistlich Gesinnten zur »Anerkennung« vorgelegt. Aber sie kamen nie zu einer positiven Entscheidung, weil sich jedesmal derselbe Mann weigerte, zuzustimmen. Der Freund fragte schließlich diesen Mann nach dem Grund seines beharrlichen Widerstandes. Nach kurzem Zögern antwortete der Mann, daß er nur mit großem Schmerz so gehandelt hatte. »Aber«, meinte er, »ich habe sehr sorgfältig auf deine Predigten gehört und ich habe oft gehört, wie du gesagt hast, du hättest die demütige Hoffnung, daß du eines Tages die Vergebung der Sünden und das Geschenk des ewigen Lebens empfangen würdest. Nie habe ich von dir gehört, daß du weißt oder glaubst, daß diese Segnungen dir bereits zuteil geworden sind. Ich meine, es ist nicht richtig, jemand zu ermutigen, ein Evangelium zu predigen, über das er selbst so wenig weiß.«

Der Freund hatte keine Entschuldigung und nahm sich vor, nie mehr seinen Mund zu öffnen, um anderen das ewige Leben in Christus zu predigen, bis er sagen konnte, daß er selbst ewiges Leben hatte. Er schämte sich seiner Ungewißheit, die er zuvor als Zeichen von Demut eingeschätzt hatte. Er vertiefte sich ins Wort Gottes, um zu sehen, was dort gelehrt wurde. Bei 1.Johannes 5,1 setzte sein Glaube ein:

»Jeder, der glaubt, daß Jesus der Christus ist, ist aus Gott geboren«. Er sagte sich: Ich glaube von ganzem Herzen, daß Jesus der Christus ist. Und Gott sagt, daß ich aus Ihm geboren bin, wenn ich das glaube. Daher weiß ich, daß ich Sein Kind bin. Und von diesem Augenblick an konnte er es mutig verkündigen, trotz aller scheinbaren Widerstände.

> »Als aber die Fülle der Zeit kam, sandte Gott seinen Sohn, geboren von einer Frau, geboren unter Gesetz, damit er die loskaufte, die unter Gesetz waren, damit wir die Sohnschaft empfingen. Weil ihr aber Söhne seid, sandte Gott den Geist seines Sohnes in unsere Herzen, der da ruft: Abba, Vater! Also bist du nicht

> mehr Sklave, sondern Sohn; wenn aber Sohn, so auch Erbe durch Gott« (Galater 4,4-7).

»Die Sohnschaft empfangen.« Darüber gibt es doch wohl keinen Zweifel! Man müßte doch annehmen, daß wir, für die Christus gestorben ist, diese Tatsache nicht anzweifeln, wenn sie so direkt dasteht, noch uns weigern, daraufhin Gott unseren Vater zu nennen! Und doch weigern sich viele und meinen, es sei Anmaßung, Gott ihren Vater zu nennen bzw. ihren Platz als rechtmäßige Söhne und Erben auch tatsächlich einzunehmen.

> »Da wir nun gerechtfertigt worden sind aus Glauben, so haben wir Frieden mit Gott durch unseren Herrn Jesus Christus, durch den wir mittels des Glaubens auch Zugang erhalten haben zu dieser Gnade, in der wir stehen, und rühmen uns in der Hoffnung der Herrlichkeit Gottes« (Römer 5,1-2).

> »Da wir nun diese Verheißung haben, Geliebte, so wollen wir uns reinigen von jeder Befleckung des Fleisches und des Geistes und die Heiligkeit vollenden in der Furcht Gottes« (2.Korinther 7,1).

»Da wir nun diese Verheißung haben« und natürlich, da wir wissen, daß wir sie haben; »da wir nun gerechtfertigt worden sind aus Glauben« und natürlich, da wir es wissen; darin besteht das Fundament allen Friedens und aller Reinheit. Nehmen wir an, der Apostel hätte diese Stellen so formuliert: »Da wir nun sehr im Zweifel sind, ob wir gerechtfertigt sind oder nicht«, hätte er dann triumphierend sagen können: »haben wir Frieden mit Gott«? Hätte er dann nicht eher in derselben zweifelnden Haltung weiterschreiben müssen: »Wir hungern sehr nach Frieden mit Gott, aber wir wissen nicht, ob wir ihn haben oder nicht«?

Wenn wir den Geist der Ungewißheit und des Zweifels in der Bibel zum Ausdruck bringen wollten, die heute in den Kirchen kursieren, wir würden ihren Inhalt auf den Kopf stellen!

Beim Lesen der ersten Verse jedes neutestamentlichen Briefes wird offensichtlich, daß sie alle an Menschen gerichtet sind, von denen angenommen wurde, daß sie ohne den geringsten Zweifel wußten, daß ihnen von Gott vergeben war und sie als Kinder Gottes mit Ihm versöhnt waren. Ich führe nur zwei Beispiele an:

> »Allen Geliebten Gottes, berufenen Heiligen in Rom: Gnade und Friede von Gott, unserem Vater, und dem Herrn Jesus Christus« (Römer 1,7).
>
> »Paulus, berufener Apostel Christi Jesu durch Gottes Willen, und Sosthenes, der Bruder, an die Gemeinde Gottes, die in Korinth ist, den Geheiligten in Christus Jesus, den berufenen Heiligen, samt allen, die an jedem Ort den Namen unseres Herrn Jesus Christus anrufen, ihres und unseres Herrn. Gnade euch und Friede von Gott, unserem Vater, und dem Herrn Jesus Christus« (1.Korinther 1,1-3)

Man stelle sich vor, dieser Brief sei an Zweifler gerichtet gewesen. Wie anders würde sich der Inhalt dann lesen!

Die neutestamentlichen Briefe bringen jedoch deutlich zum Ausdruck, was alles tatsächlich im Besitz des Gläubigen ist. Das kommt zum Beispiel deutlich zum Ausdruck in den ersten sieben Versen des Epheserbriefes: hat gesegnet, hat uns auserwählt, hat uns vorherbestimmt zur Sohnschaft durch Jesus Christus, hat uns begnadigt in dem Geliebten, wir haben die Erlösung. Das sind nur ein paar Beispiele. Jede Epistel ist voll von solchen Beispielen, die zeigen, daß wir diese Dinge besitzen.

Auch alle Ermahnungen zur Heiligkeit gründen sich auf das sichere Wissen, welchen Standort wir als Kinder Gottes einnehmen.

»Geliebte, jetzt sind wir Kinder Gottes, und es ist noch nicht offenbar geworden, was wir sein werden; wir wissen, daß wir, wenn es offenbar werden wird, ihm gleich sein werden, denn wir werden ihn sehen, wie er ist. Und jeder, der diese Hoffnung auf ihn hat, reinigt sich selbst, wie er rein ist« (1.Johannes 3,2-3)

»Und betrübt nicht den Heiligen Geist Gottes, mit dem ihr versiegelt worden seid auf den Tag der Erlösung hin. Alle Bitterkeit und Wut und Zorn und Geschrei und Lästerung sei von euch weggetan, samt aller Bosheit. Seid aber zueinander gütig, mitleidig, und vergebt einander, so wie Gott in Christus euch vergeben hat« (Epheser 4,30-32)

Wir sollen uns nicht gegenseitig vergeben, um Christus zu veranlassen, uns zu vergeben. Wir sollen vielmehr anderen vergeben, weil wir wissen, daß Er uns bereits vergeben hat. Wir werden nicht ermahnt, Gottes Nachfolger zu sein, damit wir Seine Kinder werden, sondern weil wir wissen, daß wir Seine Kinder sind.

Ein Mensch kann sich nicht wie ein König benehmen, wenn er nicht weiß, daß er ein König ist. Auch wir können uns nicht wie Kinder Gottes benehmen, wenn wir nicht wissen, daß wir Seine Kinder sind. Das Wissen um unsere Position ist so fundamental, daß alles andere im christlichen Leben davon abhängt.

Die entscheidende Frage ist: Wie kann ich zu dieser Erkenntnis kommen? Unser Eingangstext gibt uns die Antwort: »Dies habe ich euch geschrieben, damit ihr wißt.« Wir müssen jene Dinge *glauben*, die Gott für uns in Seinem »Bericht« über Seinen Sohn niedergeschrieben hat. Dann werden wir *wissen*. Denn *glauben* ist dasselbe wie *wissen*, wenn die Person, der wir glauben, absolut vertrauenswürdig ist. Es gibt Menschen, deren Wort absolut vertrauenswürdig ist. Wir würden ihnen glauben, selbst wenn unsere Sinne uns eines anderen belehrten. Gottes Wort kann keinesfalls weniger vertrauenswürdig sein.

»Nicht ein Mensch ist Gott, daß er lüge, noch der Sohn eines Menschen, daß er bereue. Sollte er gesprochen haben und es nicht tun und geredet haben und es nicht aufrechterhalten?« (4.Mose 23,19). Wenn ich daher etwas lese, was zweifellos von Gott stammt, darf ich kühn behaupten, daß ich es weiß, auch wenn jedes Gefühl in mir das Gegenteil behaupten wollte.

> »Der von oben kommt, ist über allen; der von der Erde ist, ist von der Erde und redet von der Erde her. Der vom Himmel kommt, ist über allen; was er gesehen und gehört hat, das bezeugt er und sein Zeugnis nimmt niemand an. Wer sein Zeugnis angenommen hat, der hat besiegelt, daß Gott wahrhaftig ist« (Johannes 3,31-33).

Vergleiche den Ausdruck hier: »hat besiegelt, daß Gott wahrhaftig ist« mit dem Ausdruck, den wir zuvor zitiert haben: »hat ihn zum Lügner gemacht«. Was trifft auf dich zu, lieber Leser?

Wir sagen manchmal: Ich weiß, daß dies oder jenes wahr ist, weil dieser oder jener es gesagt hat. Und daran halten wir fest, selbst wenn kein anderer das bestätigt und obwohl wir sehr wohl wissen, daß die Menschen zur Lüge neigen. Und dann scheinen wir absolut keinen Mut zu haben zu sagen, ich weiß, das und jenes ist wahr, weil Gott es sagt, obwohl wir genau wissen, daß es Ihm unmöglich ist, zu lügen.

Die Ursache dieses seltsamen Widerspruchs liegt darin, daß viele Menschen Gottes Wort einfach nicht als letzte Instanz akzeptieren, sondern ihr Gefühl darüber zum Richter machen. So mancher sagt: Ich könnte glauben, daß dies und jenes wahr ist, wenn ich es nur auch empfinden könnte. In irdischen Belangen sind wir nicht so töricht, uns auf das Gefühl zu verlassen, aber in geistlichen Dingen scheinen viele das Gefühl zur Richtschnur zu machen. Es ist mir unerklärlich, wie es dazu kommen konnte. Denn mit ein bißchen Verstand müßten wir doch begreifen, daß Tatsachen keinesfalls vom Gefühl abhängig sind, daß sich das Gefühl doch immer und überall an den Tatsachen orientieren muß. In der göttlichen Ordnung ist die Reihenfolge dieselbe: Erst die Tatsachen, dann der Glaube aufgrund dieser Tatsachen. Und ganz natürlich folgen die Gefühle den Tatsachen. Diese Reihenfolge wird auch von vernünftigen Menschen in irdischen Belangen angewandt. Aber seltsamerweise kehren dieselben vernünftigen Menschen diese Reihenfolge in geistlichen Dingen um und setzen zuerst die Gefühle, dann den Glauben anhand der Gefühle und zum Schluß kommen die Tatsachen, die dann als Ergebnis der Gefühle eingestuft werden.

Wie töricht solches Handeln ist, soll folgendes Beispiel aufzeigen. Nehmen wir an, ein Mann will in ein fernes Land reisen. Er geht also an den Hafen und steigt ins erste Schiff, das anlegt, begibt sich in eine Kajüte, setzt sich, schließt die Augen und versucht zu »erspüren«, ob er auf dem richtigen Schiff ist! Eine solche Handlungsweise wäre undenkbar für einen vernünftigen Menschen. Und doch wird solches Vorgehen in geistlichen Dingen oft als richtig bezeichnet.

> »Wenn wir schon das Zeugnis der Menschen annehmen, das Zeugnis Gottes ist größer; denn dies ist das Zeugnis Gottes, daß er über seinen Sohn Zeugnis abgelegt hat. Wer an den Sohn Gottes glaubt, hat das Zeugnis in sich; wer Gott nicht glaubt, hat ihn zum Lügner gemacht, weil er nicht an das Zeugnis geglaubt hat, das Gott über seinen Sohn bezeugt hat.

Und dies ist das Zeugnis: daß Gott uns ewiges Leben gegeben hat, und dieses Leben ist in seinem Sohn. Wer den Sohn hat, hat das Leben; wer den Sohn Gottes nicht hat, hat das Leben nicht. Dies habe ich euch geschrieben, damit ihr wißt, daß ihr ewiges Leben habt, die ihr an den Namen des Sohnes Gottes glaubt« (1.Johannes 5,9-13).

Im Fall des Mannes, der das Schiff bestieg, wäre das »Zeugnis von Menschen«, das heißt die Zusicherung eines Menschen, der Bescheid weiß, die einzige Quelle des Friedens. Im Fall eines Christen ist es das »Zeugnis Gottes«, das heißt, Gottes Zusicherung, daß Er uns ewiges Leben in Seinem Sohn gegeben hat, was ihm den vollkommenen Frieden bringt, wenn er nur glauben will.

Viele sagen aber: Ach ja, ich könnte leichter glauben, wenn ich das Zeugnis in mir hätte, wie die Bibel sagt. Wann sollst du dieses Zeugnis in dir haben? Bevor du glaubst oder danach? Heißt es etwa: »Wer das Zeugnis in sich hat, wird glauben«? Oder heißt es nicht vielmehr: »Wer glaubt, hat das Zeugnis«? Es macht einen großen Unterschied aus, wie man es liest, ob man den Glauben oder das Zeugnis an erste Stelle setzt. Die Bibel setzt den Glauben vornean. Und du? »An jenem Tag werdet ihr erkennen, daß ich in meinem Vater bin und ihr in mir und ich in euch« (Johannes 14,20).

Der Tag der Erkenntnis wird uns aufgehen, wenn wir endlich zu dem Punkt gekommen sind, wo wir Gott ohne Vorbehalte glauben!

Wir müssen allerdings begreifen, daß Erkennen nichts mit Gefühl zu tun hat, sondern mit Einsicht. Das heißt, wir wissen es einfach. Was wir dabei empfinden, spielt keine Rolle. Wir »spüren« ja auch nicht, daß zweimal zwei vier ergibt, aber wir wissen es. Und etwas zu wissen ist viel nützlicher und sicherer, als es zu spüren. Was würden wir von einem Mathematiklehrer halten, der seine Schüler anweist, zu »spüren«, ob das Einmaleins korrekt ist oder nicht? Die Mathematik muß eine zuverlässigere Grundlage als Gefühle haben, um der Realität standhalten zu können. Nicht anders ist es in geistlichen Dingen. Wir sollen und dürfen uns der Liebe Gottes und unserer Beziehung zu Ihm so sicher sein, wie zweimal zwei vier ergibt. Die Erkenntnis, das sichere Wissen, ist das einzige, das uns im Alltag nützt.

Bei allem, was ich in diesem Buch sage, steht im Vordergrund, daß ich dem Leser helfen möchte, an den Punkt dieser Erkenntnis zu kommen. Ich wünschte, wir würden endlich unsere konventionellen Vorurteile über das Christentum und den Glauben ablegen und uns den Kern der Sache, die reine Wahrheit, ein für allemal aneignen. Das heißt, die nackte Wahrheit, nicht Traditionen oder Glaubensbekenntnisse oder Vorurteile, sondern die Wahrheit, wie sie in Jesus Christus ist. Möge der Heilige Geist unser Führer und Lehrer durch alle Lektionen dieses Buches sein!

Kapitel 2

Seelennahrung

»Auf, ihr Durstigen, alle, kommt zum Wasser! Und die ihr kein Geld habt, kommt, kauft und eßt! Ja, kommt, kauft ohne Geld und ohne Kaufpreis Wein und Milch! Warum wiegt ihr Geld ab für das, was kein Brot ist, und euren Verdienst für das, was nicht sättigt? Hört doch auf mich, und eßt das Gute, und eure Seele labe sich am Fetten!« (Jesaja 55,1-2).

Im physischen Bereich gilt, daß der Leib täglich Nahrung braucht. Im geistlichen Leben ist es nicht anders. Die Seele muß täglich genährt werden.

»Gib uns unser tägliches Brot heute« schließt auch die Bedürfnisse der Seele mit ein. Wenn uns das christliche Leben nicht die nötige Nahrung für jeden Tag der Woche zu bieten hat, ist es eine Niete. Aber keine Angst, es kann das wohl. Es ist voll praktischer Prinzipien, die ins gewöhnliche menschliche Leben passen.

Es ist aber lebenswichtig, daß wir die rechte Sorte geistlicher Nahrung für uns wählen. Genau wie ungesunde Nahrung der leiblichen Gesundheit schadet, so schadet ungesunde geistliche Nahrung der geistlichen Gesundheit. Es gibt wirklich so etwas wie eine geistliche Magenverstimmung, ähnlich der physischen. Die besten Ärzte mahnen immer wieder, daß unser Gesundheitszustand größtenteils von der Nahrung abhängt, die wir essen. Allmählich scheinen die Menschen wieder zu lernen, daß sie nur dann gesund bleiben, wenn sie gesund essen. So ist es auch in geistlicher Hinsicht, obwohl viele das nicht einsehen wollen. Die Gesetze geistlicher Hygiene haben im geistlichen Bereich dieselben Folgen, wie die Gesetze der körperlichen Hygiene im körperlichen Bereich. Diese Erkenntnis ist lebenswichtig für die Gesundheit der Seele.

Wo die Eltern es erlauben, schleckern die Kinder den ganzen Tag an Bonbons, Gebäck und anderen Süßigkeiten und sind dann träge und gereizt und werden schließlich krank. Die Vernunft muß uns sagen, daß die Menschen, die ihre Seelen mit seichten Romanen, Klatschgeschichten oder leichter Unterhaltung nähren, ebenfalls an Trägheit, schlechter geistlicher Verdauung und Mangel an geistlichem Leben sowie fortschreitender moralischer Lähmung leiden.

> »Und das hergelaufene Volk, das in ihrer Mitte war, gierte voller Begierde, und auch die Söhne Israel weinten wieder und sagten: Wer wird uns Fleisch zu essen geben? Wir denken an die Fische, die wir in Ägypten umsonst aßen, an die Gurken und an die Melonen und an den Lauch und an die Zwiebeln und an den Knoblauch, und nun ist unsere Kehle vertrocknet; gar nichts ist da, nur auf das Manna sehen unsere Augen (4. Mose 11,4-6).
>
> »Sie gierten voller Begierde in der Wüste, versuchten Gott in der Einöde. Da erfüllte er ihre Bitte, aber er sandte Schwindsucht in ihre Seelen« (Psalm 106,14-15).

»Schwindsucht der Seele« entsteht viel öfter, als wir denken, und zwar aus der unverdaulichen geistlichen Nahrung, die wir uns zuführen. Wir sind nicht zufrieden mit der Nahrung, die Gott für uns vorgesehen hat und hungern nach den »Fleischtöpfen Ägyptens« (vgl. 2.Mose 16,3 und 4.Mose 21,5).

Vielleicht gefällt uns nicht, wohin Gott uns gestellt hat: unsere Gemeinde, unser Prediger, unsere Arbeit, unsere Familienbeziehungen. Wir denken die ganze Zeit, wir könnten viel bessere Christen sein, wenn nur unsere Situation anders wäre, wenn wir nur eine andere Gemeinde hätten oder in eine andere Gegend ziehen könnten oder eine andere Arbeit fänden. Unsere Seelen »verschmähen die Kost«, die Gott uns schickt, und wir stellen in Frage – wie die Israeliten –, ob Gott uns überhaupt die nötige geistliche Nahrung zur Verfügung stellen kann, die wir in der »Wüste« brauchen, wo Er uns allem Anschein nach seßhaft gemacht hat.

> »Und sie redeten gegen Gott; sie sprachen: ‚Sollte Gott imstande sein, uns in der Wüste einen Tisch zu bereiten? Siehe, den Felsen hat er zwar geschlagen, und Wasser flossen heraus, und Bäche strömten. Wird er aber auch Brot geben können, oder wird er seinem Volk Fleisch verschaffen?' Darum, als der HERR es hörte, wurde er zornig« (Psalm 78,19-21a).

Der »Zorn Gottes« ist eine Bezeichnung für das zwangsläufige Ergebnis unserer eigenen bösen Taten. Gottes Zorn ist nie, wie es der menschliche Zorn gewöhnlich ist, eine willkürliche Reaktion, die aus einer Verärgerung entsteht, sondern die notwendige Folge aus einem übertretenen Gesetz, die unvermeidliche Ernte dessen, was gesät wurde. Wenn ein Mensch ungesunde Dinge ißt, bekommt er Magenverstimmung. Ein Mensch ohne Erkenntnis mag den Zorn Gottes für seine Magenverstimmung verantwortlich machen. Wer aber die Gesetze der Gesundheit versteht, weiß, daß die Magenverstimmung einfach die unvermeidliche Folge falscher Nahrungsaufnahme ist. So ist auch der geistliche Krankheitszustand vieler Christen nicht, wie manche meinen, ein direkter Ausdruck des Mißfallens Gottes, sondern einfach und allein die unvermeidliche Folge unzulänglicher und unverdaulicher geistlicher Nahrung, die sie zu sich genommen haben. »Ephraim weidet Wind und jagt dem Ostwind nach den ganzen Tag, es mehrt Lüge und Gewalttat« (Hosea 12,2a). »Wer sich mit Asche einläßt, ist betrogen, sein Herz hat ihn irregeführt. Er rettet seine Seele nicht und sagt nicht: Ist nicht Lüge in meiner Rechten?« (Jesaja 44,20).

Die Seele, die sich vom »Wind der Lehre« nährt oder von der »Asche« irdischer Eitelkeit, findet sich bald in einem Zustand großer Verwüstung und großen Elends. Das geschieht nicht wegen Gottes Zorn, wie wir diesen Ausdruck verstehen, sondern wegen des unabänderlichen Gesetzes geistlicher Hygiene: ungeeignete Seelennahrung führt zu seelischer Krankheit, genau wie ungeeignete körperliche Nahrung den Körper krank macht.

Und worin besteht die rechte Seelennahrung? Welches tägliche Brot sollen wir essen? Der Herr gibt uns Auskunft in seiner wunderbaren Rede in Johannes 6, wo Er sagt: »Ich bin das Brot des Lebens ... wenn jemand von diesem Brot ißt, wird er leben in Ewigkeit«(siehe Johannes 6,48-58).

Für viele Menschen ist dies eine geheimnisvolle Stelle. Ich fühle mich nicht kompetent, sie theologisch zu erklären. Aber sie hat auch eine ganz logische Seite, die sich auf das tägliche Leben bezieht. Von dieser Perspektive will ich sprechen.

Viele Menschen bedenken nie, welchen Einfluß die Gedanken auf den Zustand der Seele haben, daß man sie praktisch als Nahrung bezeichnen kann, das Element, aus dem die Seele ihre Kraft und Gesundheit und Schönheit bekommt, oder von dem sie schwach, ungesund und verformt wird. Das, worüber wir nachdenken, ist das, was uns nährt. Wenn wir niedrige und verdorbene Gedanken denken, machen wir unsere Seele krank, so sicher, wie wir unseren Körper krankmachen durch verdorbene Speisen. Der Mensch, der nur an sich selbst denkt, nährt sich vom Selbst in dem Maße, wie er an sich denkt. Schlußendlich ist er so von sich eingenommen, daß er an der schrecklichen Krankheit der Einbildung und Arroganz leidet. Andererseits, wenn wir über Christus nachdenken, nähren wir uns von Christus, indem wir unsere Seelen mit Gedanken des Glaubens über Ihn füllen. Die Juden fragten: »Wie kann uns dieser sein Fleisch zu essen geben?« Und viele, viele Menschen fragen heute das gleiche. Ich möchte zeigen, wie Er das tun kann. Ich weiß, daß jeder, der diesem Rezept folgt und seine Seele mit Glaubensgedanken über Christus füllt, merken wird, daß er sich tatsächlich von Ihm nährt, zur Freude und zum Jubel seines Herzens. Wir erfahren in Johannes 6,63 wie das vor sich geht: »Der Geist ist es, der lebendig macht; das Fleisch nützt nichts. Die Worte, die ich zu euch geredet habe, sind Geist und sind Leben.« Jesus wollte den Jüngern klarmachen, daß sich von Ihm nähren bedeutet, Seine Worte zu empfangen und zu glauben. Nicht das Fleisch Seines Leibes sollten sie essen, sondern die Worte, die Er zu ihnen sprach, die Wahrheiten, die Er sie lehrte. »Fanden sich Worte von dir, dann habe ich sie gegessen, und deine Worte waren mir zur Wonne und zur Freude meines Herzens; denn dein Name ist über mir ausgerufen, HERR, Gott der Heerscharen« (Jeremia 15,16).

Ich hielt eine Bibelstunde mit älteren Schwarzen, als einer der Männer bei einem Vers anhielt. Es entstand eine lange Pause, nachdem er ihn gelesen hatte. Schließlich fragte ich ihn, ob er den Vers nicht verstehen könne. »O doch«, antwortete er, »ich verstehe ihn sehr gut, und er schmeckt mir so gut, daß ich eine Minute warten wollte, um mir ein gutes Stück davon abzubeißen.«

»Und er sprach zu mir: Menschensohn, was du findest, iß! Iß diese Rolle und geh hin, rede zum Haus Israel! Und ich öffnete meinen Mund, und er gab mir diese Rolle zu essen. Und er sprach zu mir: Menschensohn, deinem Bauch gib zu essen, und deinen Leib fülle mit dieser Rolle, die ich dir gebe! Und ich aß sie, und sie war in meinem Munde süß wie Honig« (Hesekiel 3,1-3).

Wenn wir Gottes Wort, Seine geoffenbarte Wahrheit, in den Mund nehmen und sie essen, das heißt, wenn wir über Seinen Worten verweilen und sie uns immer wieder vorsagen und sie völlig in uns aufnehmen und ihre Bedeutung auf uns übergehen lassen, werden wir merken, daß die Seele sich daraus nährt und daran erstarkt und widerstandsfähig wird.

»Übrigens, Brüder, alles, was wahr, alles, was ehrbar, alles, was gerecht, alles, was rein, alles, was liebenswert, alles, was wohllautend ist, wenn es irgendeine Tugend und wenn es irgendein Lob gibt, das erwägt!« (Philipper 4,8).

Unsere Seelen nähren sich von unseren Gedanken. Gedanken über reine und liebenswerte Dinge prägen uns positiv. Und das Gegenteil trifft ebenfalls zu. Das ist den Menschen viel zu wenig bewußt. Deshalb gehen sie leichtsinnig mit ihren Gedanken um. Sie wachen über ihren Worten und Taten mit großem Eifer, aber um ihre Gedanken kümmern sie sich nicht, obwohl doch gerade sie Wurzel und Quelle des Charakters und des Lebens sind. Solange man es nicht in Worte faßt, scheint die Gedankenwelt nicht so wichtig zu sein. Die Menschen meinen, wenn niemand ihre Gedanken hört und sieht, können sie denken, was sie wollen. Es ist ihnen einerlei, woraus ihre Gedankenwelt besteht. Sie nehmen alles ohne Unterschied auf, was gerade des Weges kommt. Sie achten nicht darauf, welche Bücher sie lesen oder welchen Umgang sie pflegen und nehmen so als Seelennahrung üble Gedanken von Ungläubigen, von irdisch Gesinnten, von Lüstlingen, von Agnostikern oder Pharisäern auf. Nach kurzer Zeit wird die Seele krank. Gedankenwelt und Charakter werden verformt, und die feinen Unterschiede zwischen Glaube und Unglaube, Gut und Böse, Reinheit und Unreinheit werden langsam aber sicher verwischt. Nun nährt sich die Seele vom Zweifel statt vom Glauben, von Unanständigkeit statt Sittsamkeit, und wird in zunehmendem Maße verwildert und korrupt.

> »Was aber aus dem Mund ausgeht, kommt aus dem Herzen hervor, und das verunreinigt den Menschen. Denn aus dem Herzen kommen hervor böse Gedanken: Mord, Ehebruch, Unzucht, Dieberei, falsche Zeugnisse, Lästerungen; diese Dinge sind es, die den Menschen verunreinigen, aber mit ungewaschenen Händen zu essen, verunreinigt den Menschen nicht« (Matthäus 15,18-20).

> »Höre es, Erde! Siehe, ich bringe Unheil über dieses Volk, die Frucht ihrer Gedanken. Denn auf meine Worte haben sie nicht geachtet, und mein Gesetz – sie haben es verworfen« (Jeremia 6,19).

Die »Frucht unserer Gedanken« kommt so sicher über uns wie die Frucht unserer Taten, bewußt oder unbewußt. Die Prinzipien der Hygiene sind im geistlichen Bereich so sicher wie im physischen Bereich. Es ist von absoluter Wichtigkeit, daß wir das verstehen, denn diese Prinzipien treten unerbittlich in Kraft, ob wir es wissen oder nicht. Unser Seelenleben wird verunreinigt und erniedrigt durch die Gedanken, die wir in uns zulassen, die schmutzigen Bücher, die wir lesen, oder durch die schlechte Gesellschaft, in der wir uns aufhalten.

Paulus gibt uns die Hoffnung, daß wir jeden Gedanken gefangennehmen können unter den Gehorsam Christi (vgl. 2.Korinther 10,5). Das bedeutet nicht, daß wir jeden Augenblick über Christus nachdenken. Die Vernunft sagt uns, daß das nicht möglich ist. Es bedeutet jedoch, daß wir statt unserer eigenen, die Einstellung Christi zu den Dingen in uns pflegen sollen, und daß wir alles mit Seinen Augen sehen und beurteilen sollen. Und das sollen wir mit »jedem Gedanken« tun, nicht nur mit den Sonntagsgedanken, sondern auch mit den Werktagsgedanken. Wie wäre es mit unserer Gesundheit bestellt, wenn wir nur sonntags auf gesundes Essen achten würden? Gleicherweise ist es absurd zu erwarten, unsere Seelen könnten sich entwickeln, wenn sie nur sonntags die richtige Nahrung bekommen und sich unter der Woche von Asche nähren. Es genügt auch nicht, hin und wieder kleinere Portionen gesunder Nahrung zu sich zu nehmen. Einige Minuten christlicher Betrachtung können dich nicht vorwärtsbringen, wenn du dafür zehn Stunden auf unchristliche Weise verbringst. Jeder Gedanke, den wir in jeder Stunde denken, muß nicht unbedingt über Christus sein, aber er muß so sein, daß Christus ihn denken könnte, wäre Er in meiner Situation. Auf diese Weise nähren wir uns von Ihm und werden vom wahren Lebensbrot genährt, das vom Himmel herabgekommen ist.

Als die Jünger von diesem lebendigen Brot hörten, baten sie: »Herr, gib uns immer dieses Brot.« Wenn wir so beten, kann Jesus auch zu uns sagen: »Hier bin ich. Ich bin das Brot des Lebens. Komm zu mir, glaube an mich, nähre deine Seele mit dem Vertrauen zu mir und mit meinen Gedanken.« Ich möchte es noch einmal wiederholen, daß der offenkundigste Weg, den ich kenne, sich von Christus zu nähren, darin besteht, unsere Seelen mit Seinen Gedanken zu füllen. Wir sollten Sein Leben sorgfältig studieren und uns von Seinem Geist erfüllen lassen. Kurz, wir können Ihn zu unserem fortwährenden Begleiter machen. Wir müssen in Ihm bleiben und Er in uns, und wir müssen Ihn in uns bleiben lassen. Wir müssen die Gedanken unseres Herzens vor allen anderen Gedanken auf dem Herrn ruhen lassen und auf Seiner Güte und Seiner Liebe. Alles, was wir tun und alles, was wir denken, muß auf dieser Grundeinstellung zu Ihm aufbauen. Denn, ich wiederhole es, die Dinge, die wir denken, sind die Dinge, von denen sich unsere Seele nährt, und wenn wir uns von Christus nähren wollen, müssen wir Seine Gedanken denken. Ich meine damit nicht, daß wir Ihn bewußt in jedem Gedanken jeden Augenblicks haben müssen, sondern eher, wie ich bereits sagte, daß unser Vertrauen in Ihn die Grundlage aller unserer Gedanken ist.

> »Denn ich will nicht, daß ihr in Unkenntnis darüber seid, Brüder, daß unsere Väter alle unter der Wolke waren und alle durch das Meer hindurchgegangen sind und alle in der Wolke und im Meer auf Mose getauft wurden und alle dieselbe geistliche Speise aßen und alle denselben geistlichen Trank tranken; denn sie tranken aus einem geistlichen Felsen, der sie begleitete. Der Fels aber war der Christus« (1.Korinther 10,1-4).

Soweit wir es aus ihrer Geschichte erkennen können, aßen und tranken die Israeliten auf ihrer Wanderung von Christus, indem sie glaubten, was Gott sagte; akzeptierten, wie Er sie führte; und dem gehorchten, was Er gebot. Dazu brauchten sie keine besonderen Erkenntnisse, denn es gab keine besonderen Geheimnisse. Sie gerieten darüber weder in Ekstase noch praktizierten sie eine Art selbstversunkene Kontemplation. Ihre geistliche Nahrung war ein praktisches, alltägliches, vertrauensvolles Leben des Gehorsams mit Gott. Das Manna, welches Gott ihnen sandte, kann mit dem geistlichen Fleisch verglichen werden, das Gott für uns hat.

Die Art und Weise, in welcher Gott täglich für sie sorgte, soll uns lehren, daß wir uns für unsere täglichen Lebensbedürfnisse ebenfalls an Christus laben sollen.

Darin besteht also unser »geistliches Fleisch« und unser »geistliches Getränk« für jeden Tag unseres Lebens. Möge der Herr mit jedem Leser deutlich darüber reden!

Kapitel 3

»Was haltet ihr von Christus?«

»Als aber die Pharisäer versammelt waren, fragte Jesus sie und sagte: Was haltet ihr von dem Christus?«
(Matthäus 22,41-42a)

Unser praktisches christliches Leben ist die Antwort auf genau diese Frage: »Was haltet ihr von Christus?« Dabei kommt es nicht auf eine theologisch korrekte Formulierung an, sondern inwieweit der Christus der Bibel meinen Alltag bestimmen kann. Die Theologie, die dahintersteht, ist nicht unwichtig. Doch für den Alltag des einzelnen kommt es vor allem darauf an, wie gut er Christus selbst kennt. Ist doch auch unser Heil eine persönliche Sache und hängt nicht zuerst von der Theologie über Christus ab, sondern von Christus selbst, Seinem Charakter und Seiner Handlungsweise.

> »Um dieser Ursache willen leide ich dies auch; aber ich schäme mich nicht, denn ich weiß, wem ich geglaubt habe, und bin überzeugt, daß er mächtig ist, mein anvertrautes Gut bis auf jenen Tag zu bewahren« (2.Timotheus 1,12).

Paulus kannte Christus, deshalb vertraute er Ihm. Wenn wir Ihm vertrauen würden wie Paulus, würden wir Ihn genauso gut kennen. So viele Christen beschäftigen sich vorwiegend mit christlicher Lehre und Dogmen und sind dann überzeugt, daß ihr Heil gesichert ist, weil ihre »Ansichten« korrekt und dogmatisch richtig sind. Sie haben sich noch gar keine Mühe gemacht, Jesus Christus selbst kennenzulernen. Häufig wissen sie zwar viel über Ihn, aber persönlich kennen sie Ihn überhaupt nicht. Ihre Religion sagt ihnen, daß sie am Sonntag zur Kirche gehen und keine Arbeit tun sollen, aber sie haben nichts, was sie durch die Woche bringt. »Denn an Güte habe ich Gefallen, nicht an Schlachtopfern, und an der Erkenntnis Gottes mehr als an Brandopfern» (Hosea 6,6).

Phillips Brooks sagt: »Es gibt zwei verschiedene Arten von Christentum. Die eine verherrlicht die Theologie, und ihre große Sünde ist die Häresie. Die andere verherrlicht die Treue, und ihre große Sünde ist die Untreue. Erstere setzt ein Glaubensbekenntnis auf den Thron, letztere eine Person.« Erstere ist wie ein sorgfältig klassifiziertes botanisches Handbuch, letztere wie eine lebende und wachsende Pflanze. Ein Handbuch mag für eine Sonntagsreligion genügen; aber nur echtes Leben bringt uns durch die Woche. Christus will, daß wir Ihm persönlich vertrauen, nicht irgend etwas über Ihn für wahr halten.

> »Euer Herz werde nicht bestürzt. Ihr glaubt an Gott, glaubt auch an mich« (Johannes 14,1).
>
> »Jesus spricht zu ihm: Ich bin der Weg und die Wahrheit und das Leben. Niemand kommt zum Vater als nur durch mich. Wenn ihr mich erkannt habt, werdet ihr auch meinen Vater erkennen; und von jetzt an erkennt ihr ihn und habt ihn gesehen. Philippus spricht zu ihm: Herr, zeige uns den Vater, und es genügt uns. Jesus spricht zu ihm: So lange Zeit bin ich bei euch, und du hast mich nicht erkannt, Philippus? Wer mich gesehen hat, hat den Vater gesehen. Und wie sagst du: Zeige uns den Vater?« (Johannes 14,6-9).

Nicht die Lehre über Christus sondern Christus selbst ist das Fundament unseres Glaubens. »Ich bin der Weg und die Wahrheit und das Leben«, sagt Er. »Ich selbst bin es.

Und wenn du mich kennen würdest, würdest du auch meinen Vater kennen und du würdest verstehen, daß es nirgends im Universum irgend etwas gibt, das dein Herz bestürzen könnte.«

Wenn man die Frage »Was haltet ihr von Christus?« aus diesem Blickwinkel betrachtet, wird sie persönlich unglaublich wichtig für jeden von uns. Allerdings wird sie so auch zu einer Frage, die jeder persönlich und für sich beantworten kann. Läge die Betonung auf der Theologie, müßten wir vielleicht in den Glaubensbekenntnissen und Lehrentscheidungen unserer Denominationen nach einer bestimmten Antwort suchen, um auszudrücken, was wir genau glauben oder zumindest glauben sollten. Wenn wir aber nach unserer persönlichen Einstellung zu unserem Herrn und Meister gefragt werden, entdecken wir schnell, was wir eigentlich von Ihm denken, wie wir Ihn sehen und was wir von Ihm halten, kurz, wer Er unserer Meinung nach wirklich ist. Ist Er gütig und liebevoll, oder ist Er hart und streng? Ist Er mitleidsvoll? Hält Er, was Er verspricht? Ist Er treu? Ist Er selbstlos? Ist Er barmherzig oder verurteilt Er? Ist Er für mich oder gegen mich?

Wie wir auf diese Fragen antworten, zeigt uns, wie wir Christus wirklich einschätzen. Vielleicht können wir rasch alle theologischen Argumente aufzählen und haben doch nicht die leiseste Ahnung vom echten Wesen Christi.

Deshalb lege ich es jedem ans Herz, eine persönliche Antwort auf die persönliche Frage zu geben: »Was haltet ihr von Christus?« »Weil er an mir hängt, will ich ihn erretten. Ich will ihn schützen, weil er meinen Namen kennt« (Psalm 91,14).

Seinen Namen zu kennen bedeutet nicht, zu wissen, daß Er Christus oder Jesus hieß, sondern es bedeutet, Ihn selbst zu kennen. Wem Gott einen Namen gibt, dessen Charakter beschreibt Er. Er gibt keinen x-beliebigen Namen, der in keinem Zusammenhang steht zum Werk oder Charakter des Namensträgers. Gottes Namensgebung ist immer eine Offenbarung. Sie gibt uns Auskunft über die Person bzw. die Berufung dieser Person. »Du sollst ihn Jesus nennen; denn er wird sein Volk erretten von seinen Sünden«. Jesus bedeutet Retter. »Und ich werde meinen heiligen Namen kundtun mitten in meinem Volk Israel und werde meinen heiligen Namen nicht mehr entweihen lassen. Und die Nationen werden erkennen, daß ich der HERR bin, der heilig ist in Israel« (Hesekiel 39,7).

»Gottes heiligen Namen entweihen« muß wohl bedeuten, daß man Ihm Charaktereigenschaften zuschreibt, die Seinen eigenen entgegengesetzt sind. Wir hören immer wieder, wie der Herr Sein Volk aufruft, Seinen Namen nicht zu entweihen, das heißt, so zu leben, zu handeln, zu sprechen, daß andere einen falschen Eindruck von Seinem Wesen und Seinen Werken bekommen. Und immer wieder haben die Heiligen der Jahrhunderte das Volk aufgerufen, Seinen Namen zu preisen, was offenbar nichts anderes ist, als Ihn selbst zu preisen. »Junge Männer und auch Frauen, Alte samt den Jungen: Sie sollen loben den Namen des HERRN! Denn allein sein Name ist hocherhaben« (Psalm 148,12-13a) »Wie dein Name, Gott, so ist dein Ruhm bis an die Enden der Erde« (Psalm 48,11). Siehe auch Psalm 135,3; 96,8, und andere.

Statt zu fragen: »Was haltet ihr von Christus?«, könnte man demnach fragen: »Mit welchem Namen sprichst du Christus an?« Denn Name und Charaktereigenschaften sind eins. Welche Namen geben wir unserem Herrn? Offiziell und an Sonntagen nennen wir Ihn zweifellos »Herrn und Heiland, Jesus Christus«. Aber in Gedanken und in der Tat haben wir viele andere Namen für Ihn in unserem Alltag, wenn auch unbewußt; manche von ihnen würden uns wahrscheinlich schockieren, würden wir sie ausgesprochen oder gedruckt sehen. So wenige von uns kennen Ihn wirklich! »Ihr nennt mich Lehrer und Herr: und ihr sagt recht, denn ich bin es« (Johannes 13,13). »Was nennt ihr mich aber: Herr, Herr! und tut nicht, was ich sage?« (Lukas 6,46).

Es nützt uns nichts, Ihn Lehrer und Herr zu nennen, wenn wir uns weigern, Seine Gebote auszuführen. Mit unseren Worten verdecken wir vielleicht unsere Gedanken, aber unsere Taten sprechen dafür umso lauter. Wenn wir Ihn wirklich als Herrn betrachten, werden wir es uns nicht leisten, Ihm ungehorsam zu sein. Die Gedanken eines Menschen beeinflussen seine Taten.

> »Und der Herr hat gesprochen: Weil dieses Volk mit seinem Mund sich naht und mit seinen Lippen mich ehrt, aber sein Herz fern von mir hält und ihre Furcht vor mir nur angelerntes Menschengebot ist: darum, siehe, will ich weiterhin wunderbar mit diesem Volk handeln, wunderbar und wundersam. Und die Weisheit seiner Weisen wird verlorengehen und der Verstand seiner Verständigen sich verbergen« (Jesaja 29,13-14).

Es ist leicht, den Herrn mit den Lippen zu ehren. Ausschlaggebend sind jedoch die Gedanken unseres Herzens. Prüfen wir uns, indem wir unsere geheimen Gedanken über Christus mit unseren offiziellen Worten vergleichen. Die Bibel lehrt uns, Ihn mit solchen Namen anzurufen, die ausdrücken, was Er ist. Vielleicht gebrauchen wir diese Namen ehrfürchtig und gewissenhaft, aber es bleibt beim Wort. Stehen wir mit den Gedanken dahinter? Drücken die Worte unsere Gedanken aus oder gibt es da Differenzen?

Nehmen wir ein bekanntes Beispiel. Die Bibel nennt Christus den Guten Hirten, und Christus selbst nannte sich so: »Ich bin der gute Hirte.« Ohne Zweifel hat jeder von uns Ihn schon oft so genannt. »Der Herr ist mein Hirte«, haben wir immer wieder gesagt. Und was denken wir dabei? Gehen wir einig mit dem, was wir sagen? Was halten wir von Christus? Ist Er für uns wirklich und wahrhaftig der gute Hirte, der für uns sorgt, wie ein guter Hirte für seine Schafe? Oder kommt es uns vor, als ob wir selbst die Hirten wären, die sorgfältig darauf achten müssen, daß Er uns treu bleibt?

Es gibt bestimmte Eigenschaften, die ein guter Hirte haben muß. Er muß sich mit aller Kraft und aller Weisheit dem Wohlergehen seiner Herde widmen. Er muß sie vor jeder Gefahr schützen und sich zwischen die Herde und all ihre Feinde stellen. Er darf sie nicht vergessen oder sie vernachlässigen. Denken wir an diese Dinge, wenn wir Christus als den Guten Hirten anrufen, falls wir Ihn überhaupt im täglichen Leben anrufen? Ich bezweifle es! In bezug auf unseren Alltag sehen wir Ihn sicher eher als untreuen Hirten, der Seine Herde vergißt und vernachlässigt; oder als einen Mietling, der die Schafe verläßt und flieht, wenn er den Wolf kommen sieht; oder als den egoistischen Hirten in Hesekiels Prophetie, der sich selbst nährt, statt seine Herde zu nähren. Vielleicht ehren wir Ihn sonntags mit unseren Lippen, aber werktags sind unsere Herzen weit weg von Ihm.

> »Heuchler! Trefflich hat Jesaja über euch geweissagt, indem er spricht: Dieses Volk ehrt mich mit den Lippen, aber ihr Herz ist weit entfernt von mir. Vergeblich aber verehren sie mich, indem sie als Lehren Menschengebote lehren« (Matthäus 15,7-9).

Nehmen wir den Namen »Retter.« Kein Name wird so oft genannt in bezug auf Christus wie dieser. Immer wieder wird Er Retter der Welt genannt. Niemand kann bestreiten, daß dies Sein gottgegebener Name ist. Was bedeutet Retter? Natürlich einer, der rettet. Nicht der ist ein Retter, der ein Rettungsangebot macht, sondern der, der es tatsächlich tut. Es kann sich einer nur Retter nennen, wenn er tatsächlich gerettet hat. Sonst könnte man einen Mann einen König nennen, der nur angeboten hat zu regieren. Wenn wir also sagen, daß Christus unser Retter ist, was denken von Ihm? Sind wir überzeugt, daß Er uns tatsächlich in diesem Moment rettet? Oder denken wir an Ihn als jemand, der nur anbietet, uns irgendwann in der Zukunft zu retten und an dessen Angebot solch unmögliche Bedingungen geknüpft sind, daß eine Errettung für uns praktisch unmöglich ist? Alles in unserem christlichen Leben hängt davon ab, was wir von Christus denken, wenn wir Ihn Retter nennen, ganz gleich, was wir sagen.

> »Auf dich vertrauen, die deinen Namen kennen; denn du hast nicht verlassen, die dich suchen, HERR (Psalm 9,11).
>
> »Ein fester Turm ist der Name des HERRN; zu ihm läuft der Gerechte und ist in Sicherheit« (Sprüche 18,10).

Der »Name des Herrn« kann nur dann ein fester Turm für uns sein, wenn wir glauben, daß hinter Seinem Namen eine Realität steht. Wenn ich mit meinem Mund sage, daß ich glaube, Christus ist der Retter der Welt und zur selben Zeit in meinem Herzen zweifle, ob Er mich rettet, sind meine Worte leer und ich »verunehre seinen heiligen Namen.« Tatsache ist, daß diejenigen, die »seinen Namen kennen«, ohne Vorbehalte ihr Vertrauen auf Ihn setzen. Niemand, der Ihn als echten Retter betrachtet, der tatsächlich rettet, würde sich abhalten lassen, Ihm als Retter zu vertrauen.

Wir könnten noch viele andere Namen des Herrn so durchgehen und unsere persönliche Einstellung anhand der Frage überprüfen: »Was haltet ihr von Christus?« Die beiden Beispiele sollen aufzeigen, wie lebensnotwendig eine Harmonie zwischen unserer Vorstellung von Christus und dem Wort in der Schrift ist. So gelangen wir zur persönlichen Erkenntnis. Sie ist unmöglich, wo wir in Gedanken dem widersprechen, was wir aus der Schrift lernen sollen.

> »Mein Volk kommt um aus Mangel an Erkenntnis. Weil du die Erkenntnis verworfen hast, so verwerfe ich dich, daß du mir nicht mehr als Priester dienst. Du hast das Gesetz deines Gottes vergessen, so vergesse auch ich deine Kinder« (Hosea 4,6).

> »Sie werden euch aus der Synagoge ausschließen; es kommt sogar die Stunde, daß jeder, der euch tötet, meinen wird, Gott einen Opferdienst darzubringen. Und dies werden sie tun, weil sie weder den Vater noch mich erkannt haben« (Johannes 16,2-3).

»Weil sie nicht erkannt haben.« Freunde, wie viel Schlechtes haben wir schon getan und wieviel Schlimmes haben wir erlitten, weil wir Christus nicht gekannt haben!

Darum wiederhole ich es: Das absolut Notwendige ist, den Herrn zu kennen! Nicht, über Ihn Bescheid wissen; das nützt wenig. Sondern Ihn persönlich zu kennen, eine eigene Erfahrung mit dem eigenen Retter gemacht zu haben, Ihn zu kennen, wie man seinen besten Freund kennt, Ihn so gut und tief zu kennen, daß Er über alle Zweifel erhaben ist.

> »Ja wirklich, ich achte auch alles für Verlust um der unübertrefflichen Größe der Erkenntnis Christi Jesu, meines Herrn, willen, um dessentwillen ich alles eingebüßt habe und es für Dreck achte, damit ich

Christus gewinne und in ihm erfunden werde – indem ich nicht meine Gerechtigkeit habe, die aus dem Gesetz ist, sondern die durch den Glauben an Christus; die Gerechtigkeit aus Gott aufgrund des Glaubens –, um ihn und die Kraft seiner Auferstehung und die Gemeinschaft seiner Leiden zu erkennen, indem ich seinem Tod gleichgestaltet werde« (Philipper 3,8-10).

Ich kann gut verstehen, wie Paulus so selbstverständlich alle Dinge als Dreck betrachten kann, um der unübertrefflichen Größe der Erkenntnis Christi willen. Sobald die Seele einmal zu dieser Erkenntnis gekommen ist, verschwinden Angst, Zweifel und Verwirrung, und der vollkommene Friede herrscht.

Niemand kann Christus wirklich so erkennen, wie Er ist, ohne daß er in die vollkommene Ruhe für immer eingeht. Das ist wie die Ruhe und der Frieden eines Kindes in der Gegenwart seiner Mutter. Das Kind weiß instinktiv, daß die Mutter es vor allem Bösen schützt, darum hat es keine Furcht. Und Christen, die ihren Herrn kennen, wissen ebenfalls, daß Er sie vor allem Bösen schützt.

Darum kennen auch sie keine Furcht. Wo es einen reichen Ernährer gibt, gibt es keine Sorgen. Wo es einen unüberwindlichen Beschützer gibt, gibt es keine Furcht. Was Christen brauchen, ist die Erkenntnis, daß sie einen solchen Ernährer und Beschützer in Christus haben. Und deshalb können wir mit Paulus sagen, daß wir gern ohne alle anderen Dinge auskommen, solange wir Christus dafür erkennen.

Vielleicht fragt hier einer: »Wie kann ich mir denn diese Erkenntnis aneignen? Mir scheint, das ist eine eher vage und mystische Sache, ich weiß gar nicht, wo anfangen.« Meine Antwort ist, daß diese Erkenntnis überhaupt nichts mit Mystik zu tun hat. Fange an, dich über Christus zu informieren, wie du es mit jeder anderen historischen Person tun würdest, die du kennenlernen möchtest. Studiere Sein Leben. Denke über Seine Worte und Taten nach. Entdecke in der Bibel, wie Er ist, und leite dich selbst dazu an, so über Ihn zu denken, wie die Bibel Ihn beschreibt. Und dann lasse Ihn in Seiner ganzen Fülle in jede Stunde und in jeden Tag deines Lebens, weil Er alles ist, was du brauchst.

> »Denn das ist der Bund, den ich mit dem Haus Israel nach jenen Tagen schließen werde, spricht der Herr: Meine Gesetze gebe ich in ihren Sinn und werde sie auch auf ihre Herzen schreiben; und ich werde ihr Gott und sie werden mein Volk sein. Und nicht werden sie ein jeder seinen Mitbürger und ein jeder seinen Bruder lehren und sagen: Erkenne den Herrn! Denn alle werden mich kennen, vom Kleinen bis zum Großen unter ihnen. Denn ich werde ihren Ungerechtigkeiten gnädig sein, und ihrer Sünden werde ich nie mehr gedenken« (Hebräer 8,10-12).

Ein wesentliches Element des neuen Bundes besteht darin, daß »alle mich kennen, vom Kleinen bis zum Großen«. Der Herr offenbart sich, und wir glauben an Seine Offenbarungen. Es ist ganz einfach. Er sagt uns, daß Er der gute Hirte ist; wir glauben, daß Er es tatsächlich ist und akzeptieren Ihn als unseren Hirten. Er sagt uns, Er ist der Retter, der hier und jetzt rettet, und wir glauben, daß Er es tatsächlich tut und akzeptieren Ihn als den, der uns rettet. Zu jeder Selbstoffenbarung des Herrn in der Bibel sagen wir: »Es ist wahr. Es ist wahr.« Wir sollen nur unsere eigenen Ideen weglegen und dafür Gottes Ideen akzeptieren. Wir sollen die Frage: »Was haltet ihr von Christus?« persönlich beantworten: »Ich halte von Ihm, was die Bibel mir von Ihm sagt, sonst gar nichts.«

Kapitel 4

Hingabe, Vertrauen, Gehorsam

Ohne diese drei ist das christliche Alltagsleben unmöglich; sie drücken die Grundhaltung des Christen gegenüber seinem Herrn aus. Andere Eigenschaften mögen dazukommen oder auch nicht, aber diese drei sind unverzichtbar. Wo sie fehlen, gibt es weder Frieden, noch Sieg, noch Gemeinschaft. Wo sie aber vorhanden sind, gibt es kein Problem, das zu groß wäre. Manchmal kommt es mir so vor, als würde ich ein Rezept für die Heilung sämtlicher geistlicher Krankheiten und Schwierigkeiten verordnen, wenn ich über die Hingabe, das Vertrauen und den Gehorsam spreche.

Hingabe

»Stellt auch nicht eure Glieder der Sünde zur Verfügung als Werkzeuge der Ungerechtigkeit, sondern stellt euch selbst Gott zur Verfügung als Lebende aus den Toten und eure Glieder Gott zu Werkzeugen der Gerechtigkeit« (Römer 6,13).

Etwas hingeben heißt soviel wie es ausliefern, es in den Besitz und die Verwaltung eines anderen geben. Uns selbst dem Herrn hinzugeben, bedeutet dasselbe. Danach hat der Herr die Verfügungsgewalt und das Besitzrecht über uns. Es bedeutet für uns Selbstverzicht, Selbstübergabe. Das Wort Weihe wird oft benutzt, um diese Hingabe auszudrücken, aber ich meine, es entspricht nicht ganz dem Sinn der Hingabe. Viele Menschen meinen, sich dem Herrn zu weihen, bedeute etwas sehr

Selbstaufopferndes, sehr Nobles; darum ist in diesem Wort die Gefahr einer unbewußten Selbstverherrlichung enthalten. Hingabe hingegen vermittelt eine weniger grandiose Idee: die eigene Hilflosigkeit und Schwachheit und die Verherrlichung eines anderen, statt unserer eigenen Person.

Ein Beispiel, um den Unterschied herauszuarbeiten: Man weiht seinen persönlichen Einsatz oder sein Geld einem großen Werk. Man liefert sich in der Krankheit der Fürsorge eines begabten Arztes aus. Im ersten Fall tun wir jemand einen Gefallen; im andern Fall tut uns jemand einen Gefallen. Im einen Fall kommt dem Ich Ehre zu; im anderen wird das Ich beschämt. Wenn ich mich in einem unwegsamen, einsamen Wald verirrt hätte und ein geschickter Führer würde mir zu Hilfe kommen, würde ich mich diesem Führer nicht weihen, sondern ich würde mich seiner Führung und Fürsorge ausliefern. Weihen ist ein alttestamentlicher Ausdruck und gehört zum alten Bund der Werke. Die neutestamentliche Lehre der Hingabe gehört zum neuen Bund der Gnade. (Eine Form dieses Wortes kommt im Alten Testament 40mal vor, im Neuen nur zweimal, wobei beide Male Christus gemeint ist. Siehe Hebräer 7,28 und Hebräer 10,20.) Die neutestamentliche Lehre der Hingabe und Selbstaufgabe kommt so zum Ausdruck: »Ich ermahne euch nun, Brüder, durch die Erbarmungen Gottes, daß ihr eure Leiber hingebt als ein lebendiges, heiliges, Gott wohlgefälliges Opfer, was euer vernünftiger Gottesdienst ist« (Römer 12,1).

Wir sollen uns »hingeben«, uns ausliefern. Wir sollen uns der Fürsorge, der Verfügung und dem Willen Gottes ausliefern. Da ist kein Gedanke an ein Opfer im Sinne eines großen Kreuzes. Es geht hier einfach um Preisgabe, Auslieferung, Loslassen, Rechte abtreten und sie auf den Herrn übertragen. Und dies ist unser »vernünftiger Gottesdienst« oder unser gewöhnlicher Dienst. Was ist vernünftiger, als unseren Fall in die Hände eines geschickten Arztes zu legen, wenn wir krank sind? Oder uns einem sicheren Führer anzuvertrauen, wenn wir uns verirrt haben? Das Vernünftigste, was ein armer, törichter, hilfloser Mensch tun kann, besteht darin, sich völlig in die Hände Gottes zu geben, der ihn gemacht hat, der ihn liebt und für alle seine Bedürfnisse sorgen kann. Sich Gott hingeben heißt, von nun an Gottes Besitz sein. Das wiederum bedeutet, daß Gottes unendliche Macht und unendliche Liebe auf unserer Seite sind. Ein Mensch ist verantwortlich für alles, was in seinem Besitz ist. Dasselbe gilt für Gott, ich sage es mit aller Ehrfurcht. Wenn ich dich also bitte, dich Ihm anzuvertrauen, ist das praktisch eine Einladung, in wunderbare Sonderrechte einzusteigen.

> »Ich rede menschlich, wegen der Schwachheit eures Fleisches.
> Denn wie ihr eure Glieder als Sklaven der Unreinheit und der Gesetzlosigkeit zur Gesetzlosigkeit zur Verfügung gestellt habt, so stellt jetzt eure Glieder zur Verfügung als Sklaven der Gerechtigkeit zur Heiligkeit« (Römer 6,19).
> »Nebukadnezar begann und sagte: ‚Gepriesen sei der Gott Schadrachs, Meschachs und Abed-Negos, der seinen Engel gesandt und seine Knechte errettet hat, die sich auf ihn verließen und das Wort des Königs übertraten und ihren Leib dahingaben, damit sie keinem Gott dienen oder ihn anbeten müßten als nur ihren Gott!'« (Daniel 3,28).

Gott errettet immer Menschen wie diese drei, die sich ganz Ihm ausliefern, ohne sich um die Folgen zu kümmern. Der erste Schritt ist daher die Hingabe.

Vertrauen

»Gesegnet ist der Mann, der auf den HERRN vertraut und dessen Vertrauen der HERR ist! Er wird sein wie ein Baum, der am Wasser gepflanzt ist und am Bach seine Wurzeln ausstreckt und sich nicht fürchtet, wenn die Hitze kommt. Sein Laub ist grün, im Jahr der Dürre ist er unbekümmert, und er hört nicht auf, Frucht zu tragen« (Jeremia 17,7-8).

Ich könnte unzählige Stellen anführen, die das Vertrauen betreffen, denn die Bibel ist einfach voll von ihnen. Oft wird *glauben* statt *vertrauen* benutzt, aber der Gedanke ist derselbe. Im Neuen Testament wird besonders oft das Wort glauben gebraucht; das bedeutet aber nicht, daß man Lehren oder Ereignisse für wahr hält, sondern daß man an eine Person glaubt, das heißt, dieser Person vertraut. Christus sagte immer: »Glaube an mich«. Er sagte nie: »Glaube dies oder jenes über mich.« Man kann sein Vertrauen nicht in ein Dogma oder einen Plan setzen, ganz gleich, wie sehr man sie für wahr hält. Aber man kann sein Vertrauen immer auf den Herrn setzen, ob man Seine Pläne oder die Lehren über Ihn versteht oder nicht.

Vertrauen hat viel mit Hingabe zu tun. Die beiden sind verwandt, wie die Wortkombination vertrauen und sich anvertrauen beweist. Wenn ich mich jemand hingebe, vertraue ich mich ihm an. Wir könnten uns nicht einem Arzt oder einem Leiter anvertrauen, wenn wir ihnen nicht zuvor unser Vertrauen schenken würden. Und wir haben kein völliges Vertrauen in jemand, wenn wir uns ihm nicht anvertrauen können. Wenn ich also dem Herrn vertraue, gebe ich mich Ihm völlig hin, liefere mich Ihm aus und vertraue darauf, daß Er recht über mich verfügt und alles zu meinem Besten lenkt. Wir vertrauen uns und unsere Angelegenheiten immer wieder anderen an und machen uns darüber überhaupt keine Gedanken. Keiner steigt in einen Zug oder auf ein Schiff, ohne sich auszuliefern und zu vertrauen. Wenn wir das fraglos und natürlich den Menschen gegenüber praktizieren, wieviel leichter muß es uns Gott gegenüber fallen. Vertrauen ist also der zweite Schritt.

Gehorsam

»Wißt ihr nicht, daß, wem ihr euch zur Verfügung stellt als Sklaven zum Gehorsam, ihr dessen Sklaven seid, dem ihr gehorcht? Entweder Sklaven der Sünde zum Tod oder Sklaven des Gehorsams zur Gerechtigkeit?« (Römer 6,16).

»Doch wenn du willig auf seine Stimme hörst und alles tust, was ich sage, dann werde ich Feind deiner Feinde sein und deine Bedränger bedrängen. Denn mein Engel wird vor dir hergehen und wird dich bringen zu den Amoritern, Hetitern, Perisitern, Kanaanitern, Hewitern und Jebusitern; und ich werde sie austilgen« (2. Mose 23,22-23).

Gehorsam folgt logischerweise der Hingabe und dem Vertrauen. Wenn ich mich der Behandlung eines Arztes unterordne und ihm vertraue, daß er mich heilen kann, muß ich auch seine Anordnungen befolgen. Wenn ich mich in der Wildnis verirrt habe und mich einem Führer anschließe, muß ich die Wege einschlagen, die er mir zeigt. Kein noch so guter Arzt kann einem Patienten helfen, der seine Anordnungen nicht befolgt. Kein Führer kann einen verirrten Wanderer nach Hause bringen, wenn dieser sich weigert, seiner Führung zu folgen und statt dessen eigene Wege geht. Soviel sagt uns der gesunde Menschenverstand. Wenn wir wollen, daß der Herr für uns sorgt und uns vor unseren Feinden beschützt und unsere Bedürfnisse deckt, ist es logisch, daß wir Seiner

Stimme folgen müssen und jene Wege gehen, die Er für uns aussucht.

In jeder Situation müssen wir diese drei Schritte gehen: Erstens die Situation ganz an den Herrn abgeben; zweitens Ihm ohne Furcht vertrauen, daß Er Herr der Lage ist; und drittens einfach und schlicht Seinem Willen gehorchen. Eine Parallele wäre folgende Situation: Wer eine schwierige Angelegenheit in die Hände eines Rechtsanwalts gibt und von diesem Mann gebeten wird, bestimmte Dinge zu tun oder einen bestimmten Kurs einzuschlagen, um den Erfolg des Falls zu gewährleisten, tut gut daran, seinem Rat zu folgen. Eine Weigerung würde es dem besten Anwalt unmöglich machen, den Fall erfolgreich abzuschließen. Es nützt uns also nichts, wenn wir uns und unsere Angelegenheiten dem Herrn ausliefern und Ihm vertrauen, daß Er uns durchträgt, wenn wir nicht gleichzeitig gewillt sind, Ihm zu gehorchen.

> »Dieses Wort habe ich ihnen geboten: Hört auf meine Stimme, dann werde ich euer Gott sein, und ihr werdet mein Volk sein! Und geht auf dem ganzen Weg, den ich euch gebiete, damit es euch wohlgeht!« (Jeremia 7,23).

Der Gehorsam ist also nichts weiter als gesundes Selbstinteresse. Hier wird nichts von uns gefordert, sondern es werden uns Sonderrechte eingeräumt. Wie Hingabe und Vertrauen, so ist auch der Gehorsam einfach eine Haltung, durch die wir göttliche Weisheit und Kraft in unsere Angelegenheiten bringen können. Wenn wir es nur fertigbrächten, ihn aus dieser Perspektive zu sehen, hätte er nichts Furchterregendes mehr für uns. Dann könnten wir mit unserem Meister sagen: »Deinen Willen, o Gott, tue ich gern«, statt daß wir uns zwingen zu sagen: »Ich erkläre mich einverstanden.«

Viele Menschen tun Gottes Willen nur gezwungenermaßen, weil sie Angst vor den Folgen ihres Ungehorsams haben, aber sie haben daran keine Freude. Wenn sie nur kurz die andere Seite der Medaille betrachten würden und sehen könnten, welch ein Segen auf dem Gehorsam ruht, würden sie mit Freuden gehorsam sein. »Und nun, wenn ihr willig auf meine Stimme hören und meinen Bund halten werdet, dann sollt ihr aus allen Völkern mein Eigentum sein; denn mir gehört die ganze Erde. Und ihr sollt mir ein Königreich von Priestern und eine heilige Nation sein« (2. Mose 19,5-6a).

Wenn Gott uns zu seinem besonderen Eigentum macht, dürfte es für uns doch eine besondere Freude sein, Seinem Willen zu gehorchen!

Wir haben nun die drei Elemente des überaus praktischen, vernünftigen Allheilmittels betrachtet: Hingabe, Vertrauen, Gehorsam. Nun müssen wir nur noch wissen, wie man das Mittel anwendet. Jeder Arzt wird uns bestätigen, daß ein Mittel erst dann heilt, wenn es tatsächlich gewissenhaft angewandt wird. Das heißt, wir müssen wirklich punktuell uns selbst und unsere Interessen an Gott ausliefern, Werktagsinteressen sowohl wie Sonntagsinteressen. Wir müssen uns und unsere Angelegenheiten endgültig loslassen und alles der Verwaltung des Herrn anvertrauen. Und das in allen Dingen. Wir sollen nichts zurückhalten. Aber wer wollte wohl irgend etwas für sich behalten, wenn er das Recht hat, alles in Gottes Hände zu legen?

> »Seid um nichts besorgt, sondern laßt in allem durch Gebet und Flehen mit Danksagung eure Anliegen vor Gott kundwerden; und der Friede Gottes, der allen Verstand übersteigt, wird eure Herzen und eure Gedanken bewahren in Christus Jesus« (Phil. 5,6-7).

Auf dieses Rezept ist immer Verlaß. Kein Mensch hat es je angewandt, ohne Frieden zu erfahren. Dabei ist nicht ausschlaggebend, wie groß die Prüfung, wie dunkel die Verwirrung, wie tief die Sünde ist. Wenn nur die Prüfung, die Verwirrung bzw. die Sünde total dem Herrn ausgeliefert wird, wenn Ihm absolutes Vertrauen in der Sache entgegengebracht wird und Sein Wille Schritt für Schritt getan wird, dann breiten sich Friede und Sieg aus, so sicher, wie Gott Gott ist. Davon ist nichts, absolut nichts, ausgenommen. Der Apostel sagt: »Seid um nichts besorgt.« Das deckt alles ab: Sünde, Schmerz, Verwirrung, Sorgen, Freunde, Kinder, Besitz, Gesundheit, Geschäft, christliche Werke, Leben in der Gesellschaft, Haushaltssorgen, Zukunftspläne, die Vergangenheit, Höhen und Tiefen. Alles ist inbegriffen, alles wird der Sorge Gottes anvertraut. Wenn all diese Dinge erst einmal bei Gott sind, läßt sich der Friede Gottes, der höher ist als alle Vernunft, gar nicht mehr aufhalten.

Mein Freund, mach die Probe aufs Exempel! Mit der nächsten Sorge auf deinem Weg geh die drei Schritte, die ich beschrieben habe. Liefere deine Sorgen ganz dem Herrn aus, vertraue Ihm absolut und gehorche Ihm. Verharre in dieser Haltung. Dann prüfe, ob nicht der Friede und die Befreiung sich früher oder später einstellen. Ich habe noch nie gehört, daß diese Vorgehensweise versagt. Vielleicht ist die Befreiung anders, als du sie dir vorgestellt hast, sie wird jedoch gewiß auf Gottes Art und Weise kommen. Gottes Wege sind immer die besten. Wir hätten diese Wege selbst gewählt, wenn wir wüßten, was Er weiß. »Wirf auf den HERRN deine Last, und er wird dich erhalten; er wird nimmermehr zulassen, daß der Gerechte wankt« (Psalm 55,23). »Werft alle eure Sorge auf ihn, denn er ist besorgt für euch« (1.Petrus 5,7).

Schreibe dir das Rezept dieses Allheilmittels auf und trage es bei dir. Im Augenblick der Not wende es an. Nur drei Zutaten: Hingabe, Vertrauen, Gehorsam.

Kapitel 5

»Alle Dinge sind dir dienstbar«

»HERR, dein Wort gilt für alle Zeiten. Es steht fest in den Himmeln. Deine Treue währt von Geschlecht zu Geschlecht, sie ist tief verankert auf Erden und bleibt bestehen. Deine Ordnungen gelten bis auf diesen Tag, alle Dinge sind dir dienstbar« (Psalm 119,89-91, Bruns).

Alle Dinge sind dir dienstbar. Nicht nur ein paar, sondern alle. Nicht nur Sonntagsangelegenheiten, sondern auch alle Werktagsangelegenheiten. Gewöhnlich meinen wir, nur die guten Leute bzw. das Gute im Leben können Gott dienen; der Psalmendichter sagt uns hier jedoch, daß alle Dinge, ob gut oder böse, Ihm dienstbar sind. Das heißt, alle Dinge, gleich welchen Ursprungs sie sind, werden vom Herrn eingesetzt, um Seinen Zielen zu dienen, alles wird von Ihm für Seine Zwecke gebraucht. »Wir wissen aber, daß denen, die Gott lieben, alle Dinge zum Guten mitwirken, denen die nach seinem Vorsatz berufen sind« (Römer 8,28).

Der Psalmist wie auch der Apostel steckten in tiefen Problemen und in rätselhaften Lebensumständen, als sie diese Worte sagten. Der Psalmist hatte gerade davon gesprochen, wie er von den Übermütigen im Land fast vernichtet wurde, wie sie ihm Gruben gegraben und ihn ohne Grund verfolgt haben. Doch im Angesicht dieser Dinge, die ihm unverständlich vorgekommen sein müssen, konnte er erklären: »Von Geschlecht zu Geschlecht währt deine Treue« und »alles ist dir dienstbar.«

Auch der Apostel hatte gerade von der Vergänglichkeit und von Geburtswehen gesprochen, unter denen die ganze Schöpfung seufzt, und konnte doch ohne Zögern seinen Glauben verkündigen, daß trotz dieser tiefen Geheimnisse alle Dinge zum Guten mitwirken denen, die Gott lieben, denen, die nach Seinem Vorsatz berufen sind.

In beiden Fällen war es der tiefe Glaube an Gott, den Schöpfer und Verwalter der Welt, der die beiden befähigte, hinter die Geheimnisse zu blicken. Sie erkannten die herrliche Tatsache, daß alles Ihm dienstbar sein mußte und daß deshalb alles Seinen Kindern zum Guten dienen mußte. »Lobt den Herrn von der Erde her, ihr Wasserungeheuer und alle Urfluten! Feuer und Hagel, Schnee und Nebel, Sturmwind, der sein Wort vollzieht!« (Psalm 148,7-8).

Selbst Feuer und Hagel, Schnee und Nebel, Sturmwind und Fluten führen Seine Befehle aus und dienen Ihm. Das ist nicht nur der Fall bei Naturkatastrophen, sondern auch beim Bösen im Menschen.

»Denn selbst der Grimm des Menschen wird dich preisen; auch noch mit dem Rest des Grimmes wirst du dich gürten« (Psalm 76,11).

Der »Grimm des Menschen« ist zutiefst verkehrt und doch muß sogar dieser Gott dienen und wird gezwungen, Gottes Plan zu erfüllen und Ihm Ehre zu bringen.

> »Du bist mir ein Hammer, eine Kriegswaffe, und mit dir zerhämmere ich Nationen, und mit dir zerstöre ich Königreiche, und mit dir zerhämmere ich Roß und Reiter, und mit dir zerhämmere ich den Wagen und seinen Lenker, und mit dir zerhämmere ich Mann und Frau, und mit dir zerhämmere ich Greis und Knaben, und mit dir zerhämmere ich Jüngling und die Jungfrau, und mit dir zerhämmere ich den Hirten und seine Herde, und mit dir zerhämmere ich den Bauern und

sein Gespann und mit dir zerhämmere ich Statthalter und Befehlshaber« (Jeremia 51,20-23).

Das bedeutet im Klartext offensichtlich, daß der Herr Seinen Willen durchsetzt, auch mit dem Bösen, das ohne Sein Zutun geschieht. Er gebraucht einen heidnischen König als Hammer und Kriegswaffe, um Sein Volk zu demütigen und zu reinigen.

Es gibt viele solcher erstaunlicher Beispiele in der Bibel. Die Geschichte von Joseph gehört auch dazu. Seine Brüder verkauften ihn im Zorn und Neid nach Ägypten. Nichts ist oberflächlich gesehen so sichtbar kriminell, so völlig gegen Gottes Willen. Doch am Ende wird uns gezeigt, daß diese bösen Brüder, während sie noch ihre eigene Bosheit auslebten, von Gott benutzt wurden, um eine »große Errettung« zu bewirken und »ein großes Volk am Leben zu erhalten« (1. Mose 45,4-8;50,19-20).

»Ihr zwar, ihr hattet Böses gegen mich beabsichtigt; Gott aber hatte beabsichtigt, es zum Guten zu wenden.« Das ist das Geheimnis all jener Prüfungen, die wir aus dem Grimm oder der Bosheit der Menschen erwarten können. Vielleicht meinen sie Böses gegen uns, aber Gott will es zum Guten wenden. Von jedem dieser Dinge können wir mit Joseph sagen: »Nicht ihr habt das bewirkt, sondern Gott.« Da der Apostel dies weiß, ist es nicht im geringsten verwunderlich, daß er seine Befreiung von aller Furcht so siegesgewiß verkündet. Er hat von Menschen nichts zu fürchten.

> »Begnügt euch mit dem, was vorhanden ist, denn er hat gesagt: Ich will dich nicht versäumen noch verlassen, so daß wir zuversichtlich sagen können: Der Herr ist mein Helfer, ich will mich nicht fürchten. Was soll mir ein Mensch tun?« (Hebräer 13,5b-6).

Der Tod unseres Herrn Jesus Christus am Kreuz zeigt

diese Wahrheit ebenfalls auf. Er wurde gewiß von den »Händen der Übeltäter« gekreuzigt und erschlagen. Und doch führten diese Hände der Übeltäter – unbewußt – nur das aus, was Gottes »Ratschlag« zur Rettung der Welt bestimmt hatte.

> »Diesen Mann, der nach dem bestimmten Ratschluß und nach Vorkenntnis Gottes hingegeben worden ist, habt ihr durch die Hand von Gesetzlosen an das Kreuz geschlagen und umgebracht« (Apostelgeschichte 2,23).
>
> »Darum liebt mich der Vater, weil ich mein Leben lasse, um es wiederzunehmen. Niemand nimmt es von mir, sondern ich lasse es von mir selbst. Ich habe Vollmacht, es zu lassen, und habe Vollmacht, es wiederzunehmen. Dieses Gebot habe ich von meinem Vater empfangen« (Johannes 10,17-18).

Die Leute, die schrien »Kreuzige ihn, kreuzige ihn«, dachten, sie würden Ihm das Leben rauben. Aber Er wußte, daß Er es von sich aus hingeben würde und daß Gott nur ihre bösen Hände als Seine Werkzeuge gebrauchen würde, um den Plan Seiner Liebe und Barmherzigkeit der Menschheit gegenüber auszuführen. Die Juden »meinten Böses«, aber »Gott wandte es zum Guten.«

Ich glaube, so ist es immer. Alles wird von Gott dienstbar gemacht, auch wenn der Ursprung noch so böse ist. Gott selbst ist nie der Urheber des Bösen, aber wenn sich dieses Böse gegen Seine Kinder richtet, macht Er es zu Seinem »Diener« und zum Segensträger.

Daß das so sein muß, können wir leicht sehen, wenn wir einen Augenblick die Beziehung Gottes zu uns betrachten. Er ist unser Vater. Seine Fürsorge ist umsichtiger und zärtlicher, als die eines menschlichen Vaters je sein könnte. Alle Dinge sind in Seiner Hand und Er hat alles unter Kontrolle.

»Und alle Könige sollen vor ihm niederfallen, alle Nationen ihm dienen« (Psalm 72,11).

»Außer mir gibt es keinen Gott. Ich gürte dich, ohne daß du mich erkannt hast, damit man erkennt vom Aufgang der Sonne und von ihrem Untergang her, daß es außer mir gar keinen gibt. Ich bin der HERR – und sonst keiner –, der das Licht bildet und die Finsternis schafft, der Frieden wirkt und das Unheil schafft. Ich, der HERR, bin es, der das alles wirkt« (Jesaja 45,5-7). Siehe auch Jesaja 44,24-28; 46,12-13.

Aus diesen Stellen und aus vielen anderen wird vollkommen klar, daß Er alle Dinge – ob Könige, Nationen, Licht, Dunkelheit, Frieden, Unheil, Erde oder himmlische Heerscharen, Lügner, Wahrsager, Städte, Flüsse, heidnische Generäle – beherrscht, und alle müssen Seinen Willen ausführen. Und dieser Gott ist unser Vater. Sag dir diese Worte immer wieder vor. Dieser Gott, dem alle Dinge dienstbar sein müssen, ob sie es wissen oder nicht, ist unser Vater.

Können wir uns einen guten Vater oder eine Mutter vorstellen, die ihren Dienern erlauben würden, den Kindern zu schaden? Können wir uns gute Eltern vorstellen, die ihre Diener nicht dazu anhalten würden, den Kindern Gutes zu tun? Wir antworten mit einem entschiedenen Nein. Können wir es uns dann vorstellen, daß unser Gott, unser Vater, etwas tun könnte, was wir menschlichen Eltern nicht zutrauen? Ganz gewiß nicht! Dann müssen also die Diener unseres himmlischen Vaters uns so gewiß dienen, wie es die Diener eines irdischen Vaters tun. Und da alle Dinge Gott dienstbar sind, müssen alle Dinge auch uns dienstbar sein.

»So rühme sich denn niemand im Blick auf Menschen, denn alles ist euer. Es sei Paulus oder Apollos oder Kephas, es sei Welt oder Leben oder Tod, es sei

> Gegenwärtiges oder Zukünftiges: alles ist euer, ihr aber seid Christi, Christus aber ist Gottes« (1.Korinther 3,21-23).

»Alles ist euer«, nicht um euch zu irritieren und zu schaden, sondern um euch zu segnen und zu helfen. Auf irdischer Ebene profitiert jeder Familienangehörige vom Reichtum und Einfluß eines freigebigen Mannes. Wie sehr trifft das auf uns zu, wenn wir Gott gehören! Alles, was Ihm dienstbar ist, muß auch uns dienstbar sein. »Und das Reich und die Herrschaft und die Größe der Königreiche unter dem ganzen Himmel wird dem Volk der Heiligen des Höchsten gegeben werden. Sein Reich ist ein ewiges Reich, und alle Mächte werden ihm dienen und gehorchen« (Daniel 7,27).

Leider wissen so wenige Kinder Gottes Bescheid, welchen Platz sie in »Reich und Herrschaft« des Menschensohnes einnehmen! Es gehört zu unserem Geburtsrecht, daß alle Dinge uns dienstbar sind. Statt dessen erlauben wir den meisten Dingen, uns zu beherrschen. Kommt eine Prüfung oder eine Enttäuschung unseres Weges, beugen wir uns vor ihnen wie vor einem Tyrannen und lassen uns in Dunkelheit und Verzweiflung treiben, statt Gottes Diener zu erkennen, die uns Segen aus Gottes Hand vermitteln sollen. Wie sollen wir die Diener Gottes empfangen?

> »Und der HERR, der Gott ihrer Väter, sandte zu ihnen durch seine Boten, früh sich aufmachend und sendend; denn er hatte Mitleid mit seinem Volk und seiner Wohnung. Aber sie verhöhnten die Boten Gottes und verachteten seine Worte und verspotteten seine Propheten, bis der Zorn des HERRN gegen sein Volk so stieg, daß es keine Heilung mehr gab« (2.Chronik 36,15-16).

Da alle Dinge Gott dienstbar sind, müssen alle Dinge

Gottes Boten sein. Jede Situation und jede Veränderung im Leben hat eine Botschaft für uns, wobei es auf den Boten selbst nicht ankommt. Wie manches Mal kommen wertvolle Geschenke von guten Freunden durch unfreundliche Boten zu uns und in grober brauner Verpackung. Verachten wir deshalb den Boten oder behandeln wir ihn schlecht und weigern uns, das Paket anzunehmen und zu öffnen? Mein Nachbar, der mir freundlich begegnet, mein Freund, der mir wehtut, mein Feind, der mich beschimpft, haben alle eine Botschaft von Gott für mich, die genausoviel wiegt, wie die des Pastors, der mir die Predigt hält, oder des christlichen Freundes, der mir ein Buch in die Hand drückt. Keinen dieser Boten behandle ich schlecht. Wir wissen ja gar nicht, welch reichen Segen wir vielleicht verlieren, weil wir die Diener verachten, die ihn uns bringen. Vielleicht liegt das Geschenk der Geduld, um das du schon so lange und anscheinend umsonst betest, in der Hand jenes unausstehlichen Familienmitglieds, dessen Benehmen dir unvorstellbare Qualen bereitet. Oder der Sieg über die Welt, nach dem du dich schon so lange sehnst, ist in jene Enttäuschung eingewickelt oder in jenen Verlust, gegen den du dich mit solcher Bitterkeit gewehrt hast, daß es deiner Seele statt des Segens tiefe Dunkelheit gebracht hat.

> »Als aber die Zeit der Früchte nahte, sandte er seine Knechte zu den Weingärtnern, um seine Früchte zu empfangen. Und die Weingärtner nahmen seine Knechte, einen schlugen sie, einen anderen töteten sie, einen anderen steinigten sie. Wiederum sandte er andere Knechte, mehr als die ersten; und sie taten ihnen ebenso« (Matthäus 21,34-36).

Oft schickt der Herr unseres Weinbergs uns nach Zeiten besonderen Segens oder nach einem langen Training in geistlichem Wachstum Seine Boten, um die Früchte zu empfangen.

Er hat versucht, uns Sanftmut und Güte zu lehren, und wenn die »Zeit der Früchte« naht, schickt Er einen Boten in Form einer schlimmen Provokation oder eines furchtbaren Mißverständnisses, damit Er durch Seine Boten jene Früchte empfangen kann, die Er in uns zur Reife bringen wollte. Wie oft geschieht es dann, daß wir den einen schlagen und den anderen steinigen, die Boten des Meisters weder erkennen noch empfangen, die doch nur gekommen sind, die Früchte für Ihn einzusammeln. Dabei beteuern wir die ganze Zeit, daß wir Ihm allein dienen wollen.

Hiob ist ein gutes Beispiel. Vielerlei Unglück brach aus verschiedenen Ecken über ihn herein. Seine Ochsen und Esel wurden von den Sabäern gestohlen. Seine Schafe und Diener erschlug der Blitz. Seine Kamele führten die Chaldäer weg. Seine Söhne und Töchter starben durch einen Hauseinsturz beim Feiern. Und Hiob selbst wurde mit schmerzhaften Furunkeln vom Scheitel bis zur Sohle geschlagen. Verschiedene Werkzeuge kamen hier ins Spiel und doch waren alle – Satan, die Sabäer, der Blitz, die Chaldäer, der Sturm aus der Wüste und die Furunkel an Hiobs Leib – Gottes Diener, die im Herzen Hiobs die köstlichen Früchte der Sanftmut, Geduld, Hingabe und des Vertrauens hervorbringen sollten, damit er Gott näherkomme in Erkenntnis und Gemeinschaft. Hiob hat diese Dinge offensichtlich als Gottes Diener empfangen, denn er beachtete gar nicht ihren oberflächlichen Ursprung, sondern brachte sie sofort in Beziehung zu Gott. »Der HERR hat gegeben, und der HERR hat genommen, der Name des HERRN sei gepriesen! (Hiob 1,21b). Dann versuchte seine Frau, ihn zum Widerspruch zu bewegen. Er schalt sie eine törichte Frau und gab ihr zur Antwort:

»Das Gute nehmen wir von Gott an, da sollten wir das Böse nicht auch annehmen?« (Hiob 2,10b).

Gott läßt die Situation in Seiner Liebe und Weisheit zu, weil sie für uns segensreich sein kann. Ohne Seine Erlaubnis kann uns nichts zu nahe treten. Da mögen Menschen und Teufel noch so toben, sie können uns nichts anhaben. »Alles, was dem HERRN wohlgefällt, tut er in den Himmeln und auf der Erde, in den Meeren und in allen Tiefen« (Psalm 135,6).

Eine der größten Schwierigkeiten im christlichen Leben entspringt unserer Unfähigkeit, diese Realität zu durchschauen. Oft meint ein Kind Gottes: »Es wäre so leicht zu sagen: Dein Wille geschehe, wenn ich sehen könnte, daß meine Prüfungen von Gott kommen. Aber meine Prüfungen und Kreuze kommen fast immer von Menschen, und ich kann nicht zu Menschen sagen: Dein Wille geschehe.« Das ist sicher richtig. Wenn wir aber in jedem menschlichen Werkzeug mindestens einen von Gottes Boten sehen könnten, der mit vollen Händen Gottes Botschaften und Segen austeilt? Könnten wir sie dann nicht mit Demut und sogar mit Dankbarkeit aufnehmen? Die Prüfung selbst mag für den Menschen sehr hart sein, und wir sollten für den Segen, den sie uns bringt, dankbar sein. Dieser ist immer ein Grund zur tiefen Dankbarkeit. Vielleicht schaffe ich es nicht, für den Freund zu danken, der mir wehtut, aber ich kann für die Geduld und die Sanftmut danken, die ich durch seine Unfreundlichkeit gelernt habe.

«Sagt in allem Dank, denn dies ist der Wille Gottes in Christus Jesus für euch« (1.Thessalonicher 5,18).

Ich kann Gott nur dann für alles dankbar sein, wenn ich erkenne, daß alle Dinge Gottes Diener sind. Mit dieser Erkenntnis ist für mich jede Fügung im Leben, selbst die widerwärtigste, ein Segensträger. Da kann ich nicht anders, als alle Tage meines Lebens Dank sagen! Vielleicht fragt sich der eine oder andere, weshalb er keine Geschenke und Botschaften von Gott bekommt, wenn alle Dinge Gottes Boten und Seine Segensträger sind. Die Antwort ist einfach. Diese Geschenke und Botschaften kommen in ganz gewöhnlicher Verpackung und werden oft von wild aussehenden Gesellen gebracht. Kann es sein, daß du diese Geschenke zurückgewiesen oder gar nicht geöffnet hast? Waren deine Ohren so voll von deinen eigenen Klagen, daß du Gottes Botschaft gar nicht gehört hast? Waren deine Augen so auf die widerlichen Umstände fixiert, daß du gar nicht erst nach dem Segen Ausschau gehalten hast?

Wir handeln weise, wenn wir wirklich in jedem Ereignis Gottes Diener willkommen heißen, und in der Freude über die Botschaft die unsympathische Art des Boten übersehen und über dem kostbaren Segen den Schmerz der Prüfung vergessen.

> »Darum, damit ich mich nicht überhebe, wurde mir ein Dorn für das Fleisch gegeben, ein Engel Satans, daß er mich mit Fäusten schlage, damit ich mich nicht überhebe. Um dessentwillen habe ich dreimal den Herrn angerufen, daß er von mir ablassen möge. Und er hat zu mir gesagt: Meine Gnade genügt dir, denn meine Kraft kommt in Schwachheit zur Vollendung. Sehr gerne will ich mich nun vielmehr meiner Schwachheiten rühmen, damit die Kraft Christi bei mir wohne. Deshalb habe ich Wohlgefallen an Schwachheiten, an Mißhandlungen, an Nöten, an Verfolgungen, an Ängsten um Christi willen; denn wenn ich schwach bin, dann bin ich stark« (2.Korinther 12,7-10).

Paulus hatte diese Lektion gut gelernt und war schließlich so weit, sich auch an den Boten Satans zu erfreuen, die gesandt waren, ihn zu schlagen. Nichts könnte einen schlimmeren Ursprung haben, als ein Bote Satans. Und auf den ersten Blick vermutet man in ihm keinen Diener Gottes. Doch Paulus erkannte offensichtlich auch die Boten Satans als Diener Gottes und dankte für sie, weil er entdeckt hatte, daß in seinem »Dorn im Fleisch« eine herrliche Offenbarung für seine Seele steckte, nämlich die Kraft Christi, die auf ihm ruhte. Wer würde wohl um einer ähnlichen Erkenntnis willen nicht einen ähnlichen Dorn willkommenheißen?

Lade den nächsten Schmerz, lieber Leser, als einen Diener Gottes zu dir ein, der dir als Segensträger geschickt ist. Dann beschäftige dich nicht so sehr damit, wie du dem Schmerz entgehen kannst, sondern mit der Entdeckung der Botschaft, die er dir bringt. Vielleicht hat oberflächlich gesehen ein sündiger Mensch deinen Schmerz verursacht. Diese Sünde ist natürlich als solche niemals der Wille Gottes. Aber bis sie bei dir angelangt ist, wird sie zum Diener Gottes für dich und hält ein Geschenk der Liebe und des Segens für dich bereit. Kein Mensch, auch nicht eine große Anzahl, keine Engel oder Teufel, keine geistlichen Fürstentümer oder Gewalten im Himmel oder auf Erden können die Seele eines Menschen anrühren, der Gott gehört, ohne daß Gott sie zuerst prüft und Seine Genehmigung gibt.

Denn alle Dinge sind Ihm dienstbar, und Er herrscht über alle Dinge!

Kapitel 6

Das große Ich

»Ich sprach in meinem Herzen und sagte: Ich nun, siehe, ich habe die Weisheit vergrößert und vermehrt, mehr als jeder, der vor mir über Jerusalem war, und mein Herz hat in Fülle Weisheit und Erkenntnis geschaut«

(Prediger 1,16).

Für ein beständiges christliches Leben ist es wichtig, die rechte Beziehung zwischen der eigenen Individualität und dem Rest der Welt aufzubauen. Jeder hält sich selbst für den Größten. Unser ganzes Leben dreht sich um endlose Variationen des Begriffs *ich*. Was denken die Leute von mir? Wie wirkt sich diese Situation auf mich aus? Wäre ich dadurch glücklich? Respektiert man mich, wie es sich gehört? Sieh dir meinen Besitz an! Ich will dir sagen, was ich erlebt habe! Ich weiß Bescheid! Mach's wie ich! Das hab ich gleich gewußt! Und so weiter durch alle Ebenen des täglichen Lebens.

Immer und überall drängt sich dieses ungetüme *Ich* vor, verlangt gehört zu werden und besteht auf seinen Rechten.

Wie Salomo im Prediger »sprechen wir mit unserem eigenen Herzen« über unsere großen Besitztümer als da sind: unsere Weisheit, unsere Erkenntnis, unsere Gerechtigkeit, unsere guten Werke. Wir sind tief beeindruckt von unserem Wert und unserer Wichtigkeit und natürlich möchten wir gerne, daß die Leute um uns herum uns bewundern.

Das ganze Buch Prediger basiert auf dieser Verehrung des eigenen Ich. Im zweiten Kapitel, zum Beispiel, finden wir die Worte *ich, meiner, mir, mich* vierzigmal in neun Versen (siehe Prediger 2,3-11).

Salomo versuchte, das Problem irdischen Glücks zu lösen. Er sagte, er habe nach dem wahren Sinn des Lebens gesucht. So schaffte er sich als erstes alles an, das ihn seiner Meinung nach glücklich und zufrieden machen mußte. Aber am Ende mußte er zugeben, daß ihn diese Dinge leer ließen.

Ein kleines Experiment in Logik sollte uns zeigen, daß das Ergebnis immer so ausfällt, wo das Ich im Vordergrund steht. Da gibt es nie einen »Gewinn«, sondern immer einen schmerzlichen Verlust. Hast du das in deinem Leben auch erfahren? Hast du dein Herz an etwas gehängt, von dem du dir Vergnügen oder Gewinn erhofft hast? War es nicht so, daß dein undankbares Ich sich davon abwandte, sobald es in deinem Besitz war, obwohl es dich sehr viel gekostet hatte? Oder du hast geschuftet, damit dein anspruchsvolles Ich seine Rechte von deiner Umgebung bekommt. Du hast unter großen Schmerzen und Mühen einen hohen Sockel errichtet, auf den du dich gestellt hast, damit alle dich bewundern können. Aber im kritischen Moment fiel der Sockel vornüber und dein herrliches Ich fiel in den Staub. Statt Ehre wurde dir Verachtung zuteil. Es hat sich noch nie gelohnt, sich selbst zu erhöhen, denn immer war es schlußendlich nichts als »Nichtigkeit und ein Haschen nach Wind«.

Hiob sowohl als auch Salomo haben das entdeckt. In Hiob 29, zum Beispiel, haben wir eine Stelle ähnlich der in Prediger. Hier wird das Ego von Hiob verherrlicht, noch mehr als Salomos. Die Worte *ich, meiner, mir, mich* werden über fünfzigmal gebraucht, und nichts scheint zu fehlen, das Hiob Ehre und Herrlichkeit bringen könnte.

Und doch, trotz all seiner Selbstverherrlichung, mußte Hiob erkennen, daß selbst jene, die jünger als er waren und deren Väter er nicht einmal »den Hunden seiner Herde beigesellt« hätte, über ihn lachten. So ist es immer. Anstrengungen zur Selbstverherrlichung und Selbsterhebung enden immer damit, daß das so verherrlichte Ich lächerlich gemacht wird. Die Zuschauer mögen nichts dazu sagen oder äußerlich dem Lob zustimmen, welches das Ego sich selbst zollt. Aber innerlich lachen sie verächtlich. Haben wir nicht alle schon Leute wie Hiob erlebt, die sich in den Augen ihrer Freunde selbst verherrlichen, ihre Erfolge aufzählen und nicht genug über ihre Begabungen und Fähigkeiten sagen können? Und haben wir tief im Herzen nicht immer über sie gelacht? Und haben sie uns nicht leid getan, weil sie blind waren und sich nicht sehen konnten, wie die Umgebung sie sah? Oder haben wir uns selbst schon so zum Narren gehalten? Gibt es vielleicht viele ungeschriebene Kapitel in unserer geheimen Autobiographie, die voll sind von diesen persönlichen Fürwörtern *ich, mir, mein,* wie dieses Kapitel in Hiob? Haben wir je erlebt, daß solch ein Selbstlob eine echte Empfehlung war oder daß unsere Selbsterhöhung uns in den Augen irgendeines anderen, außer uns selbst, erhöht hat?

Im Gleichnis vom Pharisäer und Zöllner zeigt uns der Herr das göttliche Gericht in bezug auf die Erhöhung unseres Ichs. Er erklärt energisch: »Ich sage euch,... jeder, der sich selbst erhöht, wird erniedrigt; wer aber sich selbst erniedrigt, wird erhöht werden« (Lukas 18,9-14).

Der schlimmste Effekt des Eigenlobs besteht darin, daß das, was wir so loben, in unseren Augen wächst und immer größer wird, je länger wir es im Blick haben und darüber sprechen. Deshalb bekommt der Mensch, der ständig auf sich blickt und dessen Gedanken sich um sich selbst drehen, meistens einen seltsam aufgeblasenen Eindruck von seiner eigenen Größe und Wichtigkeit. Es ist wie eine geistliche Wassersucht, die die Seele zur doppelten Größe anschwellen läßt. An der Oberfläche mag das wie gesundes Wachstum aussehen, aber in Wirklichkeit ist es das Symptom einer schweren Krankheit. Ein solcher Mensch leidet an der Krankheit, die die Franzosen mit la maladie du moi (man könnte es mit »Ich-Krankheit« übersetzen) bezeichnen. Es ist eine tödliche Krankheit.

> »Alle ihre Werke aber tun sie, um sich vor den Menschen sehen zu lassen; denn sie machen ihre Gebetsriemen breit und die Quasten groß. Sie lieben aber den ersten Platz bei den Gastmählern und die ersten Sitze in den Synagogen und die Begrüßungen auf den Märkten und von den Menschen Rabbi genannt zu werden. Ihr aber, laßt ihr euch nicht Rabbi nennen, denn einer ist euer Lehrer, ihr alle aber seid Brüder. Ihr sollt auch nicht jemanden auf der Erde euren Vater nennen, denn einer ist euer Vater, nämlich der im Himmel. Laßt euch auch nicht Meister nennen; denn einer ist euer Meister, der Christus. Der Größte aber unter euch soll euer Diener sein. Wer sich aber selbst erhöhen wird, wird erniedrigt werden; und wer sich selbst erniedrigen wird, wird erhöht werden« (Matthäus 23,5-12).

Dieses Gesetz ist unumstößlich: Wer sich selbst erhöht, wird erniedrigt. Nicht immer nach außen, so daß der Mensch es weiß, aber in der geheimen Einschätzung der Leute, die stets im selben Maß einen ungünstigen Eindruck von ihm bekommen, wie er versucht, einen besseren Eindruck zu machen. Wie oft konnten wir das beobachten, wenn christliche Mitarbeiter zusammensitzen und jeder versucht im Wettkampf mit den anderen hervorzuheben, »was *ich* getan habe« oder die Predigten zu erwähnen, »die *ich* gepredigt habe« oder die Seminare, »die *ich* gehalten habe« oder die Ehrungen, »die *mir* zuteil wurden«. Und jeder denkt, alle anderen sind langweilig und so selbsteingenommen!

> »Er sprach aber zu den Eingeladenen ein Gleichnis, als er bemerkte, wie sie die ersten Plätze wählten, und sagte zu ihnen: Wenn du von jemandem zur Hochzeit geladen wirst, so lege dich nicht auf den ersten Platz, damit nicht etwa ein Geehrterer als du von ihm geladen sei und der, welcher dich und ihn geladen hat, komme und zu dir spreche: Mach diesem Platz! Und dann wirst du anfangen, mit Schande den letzten Platz einzunehmen. Sondern wenn du geladen bist, so geh hin und lege dich auf den letzten Platz, damit, wenn der, welcher dich geladen hat, kommt, er zu dir spreche: Freund, rücke höher hinauf. Dann wirst du Ehre haben vor allen, die mit dir zu Tisch liegen. Denn jeder, der sich selbst erhöht, wird erniedrigt werden, und wer sich selbst erniedrigt, wird erhöht werden« (Lukas 14,7-11).

Das *Ich* stellt höchste Ansprüche: den besten Sitz, den höchsten Platz. Und es ist tief verletzt, wenn diesen Ansprüchen nicht entsprochen wird und seine Rechte nicht gewahrt werden. Die meisten Unstimmigkeiten zwischen christlichen Mitarbeitern stammen aus *Ich*-Ansprüchen: »Soundso ist mir vorgezogen worden.« »*Meine* Rechte beachtet niemand.« »Keiner hört auf *mich*.« Wie tief stecken solche Vorwürfe in den Herzen, in denen das *Ich* regiert, ob sie zum Ausdruck kommen oder nicht! Nur wenige von uns erkennen die wahre Ehre im Einnehmen des letzten Platzes! Und doch besteht gerade darin unsere Ehre »vor allen, die mit zu Tische liegen«.

»Tut nichts aus Eigennutz oder eitler Ruhmsucht, sondern daß in der Demut einer den anderen höher achtet als sich selbst; ein jeder sehe nicht auf das Seine, sondern ein jeder auch auf das der anderen. Diese Gesinnung sei in euch, die auch in Christus Jesus war, der in Gestalt Gottes war und es nicht für einen Raub achtete, Gott gleich zu sein. Aber er machte sich selbst zu nichts und nahm Knechtsgestalt an, indem er den Menschen gleich geworden ist, und der Gestalt nach wie ein Mensch erfunden, erniedrigte er sich selbst und wurde gehorsam bis zum Tod, ja, zum Tod am Kreuz. Darum hat Gott ihn auch hoch erhoben und ihm den Namen verliehen, der über jeden Namen ist« (Philipper 2,3-9).

Demütige Selbsteinschätzung ist der einzige Weg zu wahrer Ehre. Wer sich demütigt, wird erhöht; sonst niemand. Unser göttlicher Meister hat uns ein Beispiel gegeben. Wenn wir wirklich so denken wollen, wie Jesus Christus, müssen wir darauf verzichten, uns einen Namen zu machen, und müssen den Platz des Dieners, nicht des Meisters einnehmen.

»Und Jesus rief sie zu sich und spricht zu ihnen: Ihr wißt, daß die, welche als Regenten der Nationen gelten, sie beherrschen und ihre Großen Gewalt gegen sie üben. So aber ist es nicht unter euch; sondern wer unter euch groß werden will, soll euer Diener sein; und wer von euch der Erste sein will, soll aller Sklave sein. Denn auch der Sohn des Menschen ist nicht gekommen, um bedient zu werden, sondern um zu dienen und sein Leben zu geben als Lösegeld für viele« (Markus 10,42-45).

Der Diener aller zu sein, gefällt dem *Ich* überhaupt nicht. Diesem imposanten *Ich* würde es viel besser passen, daß es von anderen bedient wird und daß es die Herrschaft und Macht über andere hat. Erst, wenn dieser Tyrann aus dem inneren Königtum hinausgeworfen wird, können wir verstehen, wie köstlich und ehrenvoll es ist, der Diener aller zu sein, und können die Erhöhung erkennen, der wir auf diesem Wege entgegengehen.

> »Ebenso ihr Jüngeren, ordnet euch den Ältesten unter. Alle aber umkleidet euch mit Demut im Umgang miteinander; denn Gott widersteht den Hochmütigen, den Demütigen aber gibt er Gnade. Demütigt euch nun unter die mächtige Hand Gottes, damit er euch erhöhe zur rechten Zeit« (1.Petrus 5,5-6).

Es fällt auch Christen sehr schwer, diesen Geist zu pflegen. Das *Ich* in ihnen rebelliert lautstark schon bei dem Gedanken daran. Und doch ist dies im himmlischen Reich die einzig richtige Straße.

Der Herr sagt, hütet euch vor Leuten, die »den ersten Platz bei den Gastmählern und die ersten Sitze in den Synagogen und die Begrüßungen auf den Märkten lieben.« Unser eigenes Empfinden sagt uns dasselbe. »Der Hochmut eines Menschen erniedrigt ihn; der Demütige aber erlangt Ehre.« »Nehmt auf euch mein Joch, und lernt von mir, denn ich bin sanftmütig und von Herzen demütig, und ihr werdet Ruhe finden für eure Seelen« (Matthäus 11,29).

Um sanftmütig und von Herzen demütig zu werden, muß man das *Ich* aus seinem Leben verbannen. Manche Leute meinen, sie sind demütig und sanftmütig, wenn sie harte und schlechte Dinge über sich sagen, aber ich bin überzeugt, daß das gigantische *Ich* oft geehrter und aufgeblasener ist durch Selbstanklagen, als durch Eigenlob. Wir sollen gar nicht über uns reden. Das *Ich* ist so begierig, bemerkt zu werden, daß es lieber Anklagen inkauf nimmt, wenn es kein Lob bekommen kann, als daß es überhaupt nicht bemerkt wird. Es ist damit zufrieden, alles mögliche Schlimme über sich selbst zu sagen, solange es nur im Mittelpunkt steht. So lieb es ihm ist, von sich zu sagen: »Wie gut bin *ich* doch«, so sagt es fast genauso gern »Wie schlimm bin *ich* doch.« Das erscheint seltsam. Ich glaube der Grund liegt darin, daß es mit diesem Ausspruch beweist, daß es gar nicht so schlimm sein kann, da es doch so demütig ist! Der Unterschied wird klar, wenn wir bedenken, wie wir reagieren, wenn andere dieselben negativen Dinge über uns sagen wie wir. Wenn wir die Gewohnheit haben, herabsetzende Bemerkungen über uns selbst zu machen, sollten wir kurz darüber nachdenken, wie uns zumute wäre, wenn unsere Freunde mit diesen Bemerkungen einverstanden wären und sie diese gar anderen gegenüber als eigene Meinung wiederholen würden. Nehmen wir an, du sagst wieder einmal: »Ach, ich bin nichts und kann nichts«, und dein Freund sagt: »Das stimmt, das meine ich auch.« Was würde dein Ich davon halten? Die Wahrheit ist doch, daß wir immer erwarten, daß unseren herabsetzenden Bemerkungen von anderen widersprochen wird. Und oft machen wir sie sogar mit dem speziellen Wunsch, daß sie verneint werden, damit unsere Demut auch genügend bemerkt und bewundert wird. Was könnte einer Selbstliebe mehr gefallen, als daß ihr Beifall gespendet wird für ihren Mangel an Selbstliebe! Der wahrhaft Sanftmütige und von Herzen Demütige möchte sein Ich gar nicht erst ins Gespräch bringen, ob gut oder schlecht. Er möchte einfach, daß sein Ich vergessen wird. Wie Fenelon schreibt, sagt dieser Mensch zu seinem Ich: »Ich kenne dich nicht, und es ist mir gleich, was mit dir geschieht oder wie du behandelt wirst.« Wenn die Leute ihn brüskieren oder mit Verachtung strafen oder vergessen, akzeptiert dies der Sanftmütige und Demütige, als ob es so sein müßte. Die wahre Demut zieht es vor, von Gott und Menschen so behandelt zu werden, wie sie es aufgrund ihrer Unvollkommenheit wirklich verdient. Statt solche Behandlung übelzunehmen, wird sie willkommengeheißen und man ist dankbar dafür. Ich erinnere mich an ein Wort von Madame Guyon, das mich sehr getroffen hat: »Ich habe gelernt, für jede Demütigung ‚danke' zu sagen, weil ich entdeckt habe, daß Demütigungen äußerst hilfreich sind, um das Ich dem Tod auszuliefern.« Es ist einfach so: Keiner erlangt die Gnade der Demut ohne Demütigungen. Demütigungen sind die Medizin, die der große Arzt gewöhnlich verschreibt, um die geistliche Wassersucht zu heilen, die dadurch entsteht, daß die Seele sich dauernd mit dem Ich beschäftigt.

> »Und du sollst an den ganzen Weg denken, den der HERR, dein Gott, dich diese vierzig Jahre in der Wüste hat wandern lassen, um dich zu demütigen, um dich zu prüfen und um zu erkennen, was in deinem Herzen ist, ob du seine Gebote halten würdest oder nicht. Und er demütigte dich und ließ dich hungern. Und er speiste dich mit dem Man, das du nicht kanntest und das deine Väter nicht kannten, um dich erkennen zu lassen, daß der Mensch nicht von Brot allein lebt. Sondern von allem, was aus dem Mund des HERRN hervorgeht, lebt der Mensch« (5. Mose 8,2-3).

Viele von uns nehmen vielleicht gerade dieselbe Medizin ein, die der Herr den Kindern Israels verordnen mußte. Vielleicht müssen wir wie sie gedemütigt werden, damit wir nicht versucht sind, in unseren Herzen zu sagen: »Meine Kraft und die Macht meiner Hand hat mir diesen Reichtum beschert.« Der Herr ist gezwungen, uns »Hunger leiden zu lassen« und uns durch die große und furchtbare Wüste gehen zu lassen, um uns zu testen und uns Seine Güte zu erweisen. Sollte einer von uns gerade in dieser Erfahrung stecken, müssen wir uns auf die Heilung konzentrieren, die dadurch zustande kommen soll, und unsere Medizin einnehmen, egal wie bitter sie schmeckt, und zwar mit fröhlichem und dankbarem Herzen.

Der Apostel Paulus verstand den wahren Sinn der Demut. Er sagt uns im Philipperbrief, daß er wohl Grund hätte zur eigenen Ehre, daß er jedoch »alle diese Dinge als Dreck betrachte«, so wertlos waren sie ihm geworden. Er schickt sein eigenes gigantisches Ich davon und ruft aus: »Ich bin mit Christus gekreuzigt, und nicht mehr lebe ich, sondern Christus lebt in mir« (Galater 2,20). Diese Worte sollten auch wir uns zu eigen machen.

Kapitel 7

Der Wille

»Denn nach Vermögen, ich bezeuge es, und über Vermögen waren sie aus eigenem Antrieb willig und baten uns mit vielem Zureden um die Gnade und die Beteiligung am Dienst für die Heiligen. ... Denn wenn die Bereitwilligkeit da ist, so ist sie willkommen nach dem, was sie hat, und nicht nach dem, was sie nicht hat«

(2.Korinther 8,3.12).

»Und der HERR redete zu Mose und sprach: Rede zu den Söhnen Israel und sage ihnen, sie sollen ein Hebopfer für mich nehmen! Von jedem, dessen Herz ihn antreibt, sollt ihr mein Hebopfer nehmen« (2.Mose 25,1-2).

In der Glaubenspraxis für den Alltag sollte es keine unergründlichen Geheimnisse oder Abhängigkeit von Gefühlen geben. Auch unsere schönsten Gottesdienst-Empfindungen bringen uns nicht ohne weiteres durch die Wochentage. Im Alltag hängt alles vom Willen ab, der den Menschen beherrscht. Mit dem Willen meine ich weder die Wünsche eines Menschen noch seine Gefühle oder Sehnsüchte, sondern seine Entscheidungskraft, die Wahl, die er trifft. Der menschliche Wille ist der innere Herrscher, dem der Mensch untertan ist; sein wahres Ich, der Kern seines Wesens, die menschliche Persönlichkeit; jener Teil des Menschen, den er als sein ureigenstes Selbst begreift. Problematisch ist, daß verhältnismäßig wenig Menschen die Stellung des Willens zu verstehen scheinen. Man geht davon aus, daß Überzeugungen nicht vom Willen ausgehen, sondern von den Gefühlen. Die Gefühle werden als die beherrschende, ausschlaggebende Kraft unserer Natur angesehen und stehen deshalb im Vordergrund. Der Gefühlszustand wird zum Maßstab der Seele erklärt. Sobald wir jedoch entdecken, daß echtes Christsein vom Willen gesteuert wird, müssen wir uns nicht mehr von unseren Gefühlen gängeln lassen und dürfen erleichtert feststellen, daß wechselnde Gefühlsregungen das gottgegebene Leben der Seele nicht im geringsten beeinflussen können, solange unser Wille Gott treu ergeben ist. Darin liegt eine enorme Befreiung. Der Mensch besteht nicht nur aus Gefühlen und Neigungen, sondern darüber hinaus aus einem unabhängigen Element, einer Entscheidungszentrale, die alles andere beherrscht. Die Bibel nennt dies das »Herz«.

> »Mehr als alles, was man sonst bewahrt, behüte dein Herz!« (Sprüche 4,23).
>
> »Denn aus der Fülle des Herzens redet der Mund. Der gute Mensch bringt aus dem guten Schatz Gutes hervor, und der böse Mensch bringt aus dem bösen Schatz Böses hervor« (Matthäus 12,34b-35).

Dichter und Philosophen beschreiben das Herz, aus dem das Leben quillt, sehr unterschiedlich. Es ist jedoch zweifellos der Wille gemeint. Er herrscht über die Kräfte meiner Natur und ist der Ursprung meiner Handlungen. Aus der geheimen Quelle des Willens bringen wir die guten bzw. bösen Schätze unseres Lebens hervor. Wer sich die Mühe macht, anhand einer Konkordanz die »Herz«–Stellen in der Bibel nachzuschlagen, erfährt, daß Gott unter »Herz« nicht die bunte Palette der Gefühle versteht, wie unsere Zeitgenossen das meist tun. Selbst im Sprachgebrauch hat das Wort Herz einen tieferen Sinn. Wir sprechen zum Beispiel vom »Herzstück« eines Arguments und meinen damit nicht Gefühlsregungen, sondern die zentrale Idee. So meint auch Gott mit Herz unseren Kern, unser Innerstes, das, was unsere ganze Persönlichkeit lenkt. Das Wort kommt in der Bibel über tausendmal vor und beschreibt alle Gedanken bzw. Handlungen, die vom zentralen Punkt des Menschen ausgehen. Vom Herzen wird behauptet, daß es versteht bzw. unverständig ist, weise bzw. töricht handelt, kluge bzw. unkluge Entscheidungen trifft, erstaunt ist, derb werden kann, sich dem Licht widersetzt, entmutigt ist, zweifelt, sich mit anderen verbindet, nach Wissen dürstet, Übles tut, Böses plant, sich Gutes oder Schlechtes vornimmt, verwirrt ist, zittert, und sich freut. Kurz, dem Herzen wird genau das zugeschrieben, was der Mensch selbst ist und tut. In zahlreichen Fällen, in denen das Wort Herz vorkommt, ergäbe das Gesagte keinen Sinn, wollte man es mit Gefühlen oder Neigungen übersetzen.

> »Der HERR hat ihn mit dem Geist Gottes erfüllt, mit Kunstfertigkeit, Verstand und Können und für jedes Kunsthandwerk, und zwar Pläne zu entwerfen, um in Gold, Silber und Bronze zu arbeiten. Auch im Schneiden von Steinen zum Einsetzen und mit der Holzschnitzerei hat er ihn begabt, damit er in jedem künstlerischen Werk arbeiten kann. Dazu hat er ihm die Gabe zu unterweisen ins Herz gelegt, ihm und Oholiab, dem Sohn des Ahisamach, vom Stamm Dan. Er hat sie mit Weisheit des Herzens erfüllt, damit sie jeden Plan eines Kunsthandwerkers oder Kunststikkers oder Buntwirkers ausführen können, mit violettem und rotem Purpur, Karmesinstoff und Byssus, und die des Webers, die Arbeit derer, die allerlei Arbeiten ausführen und Pläne ersinnen. Und Bezalel und Oholiab und alle Männer mit einem weisen Herzen, denen der HERR Weisheit und Verstand eingegeben hatte, jeden, den sein Herz willig machte, ans Werk

zu gehen, um es auszuführen« (2.Mose 35,31-35; 36,1-2).

Es ist ausgeschlossen, daß nur von Gefühlen oder Neigungen die Rede ist, wenn Gott ein Herz erfüllt oder ein weises Herz gibt. Hier kann nur das Innere des Menschen, sein zentraler Punkt, gemeint sein. Das kommt auch in Salomos Gebet um Weisheit zum Ausdruck. Salomo bat Gott sicherlich nicht darum, seine Gefühle mit Weisheit auszustatten.

»In Gibeon erschien der HERR dem Salomo in einem Traum bei Nacht. Und Gott sprach: Bitte, was ich dir geben soll! Und Salomo sagte: ... So gib denn deinem Knecht ein gehorsames Herz, dein Volk zu richten, zu unterscheiden zwischen Gut und Böse. Denn wer vermag dieses dein gewaltiges Volk zu richten? Und das Wort war gut in den Augen des HERRN, daß Salomo um diese Sache gebeten hatte. Und Gott sprach zu ihm: Weil du um diese Sache gebeten hast und hast dir nicht viele Tage erbeten und hast dir nicht Reichtum erbeten und hast nicht um das Leben deiner Feinde gebeten, sondern hast dir Verständnis erbeten, um dem Recht zu gehorchen, siehe, so tue ich nach deinen Worten. Siehe, ich gebe dir ein weises und verständiges Herz, so daß es vor dir keinen wie dich gegeben hat und nach dir keiner wie du aufstehen wird« (1. Könige 3,5-12).

Ein Herz, das verständig zu unterscheiden weiß, übertrifft die stärksten Gefühlsregungen. Hier ist vom Willen die Rede. Paulus beschreibt das im Philipperbrief folgendermaßen:

»Daher, meine Geliebten, wie ihr allezeit gehorsam gewesen seid, nicht nur in meiner Gegenwart, sondern jetzt noch viel mehr in meiner Abwesenheit, bewirkt euer Heil mit Furcht und Zittern! Denn Gott ist es, der in euch wirkt sowohl das Wollen als auch das Wirken zu seinem Wohlgefallen« (Philipper 2,12-13).

Der Wille ist vergleichbar mit einer Festung. Soll Gott die Führung übernehmen können, muß Er unseren Willen besitzen. Wenn Er sagt: »Mein Sohn, gib mir dein Herz«, dann heißt das: »Gib deinen Willen in meine Hand, daß ich in ihm wirken kann zum Wollen und Wirken meines Wohlgefallens.« Gott geht es nicht in erster Linie um die Gefühle des Menschen, sondern um seinen Willen. »Euer Schmuck sei ... der verborgene Mensch des Herzens im unvergänglichen Schmuck des sanften und stillen Geistes, der vor Gott sehr köstlich ist« (1.Petrus 3,3-4).

Der »verborgene Mensch des Herzens« ist die biblische Beschreibung des Willens. Damit ist die innere Zentrale gemeint, die uns steuert. Die wirklich lebensentscheidende Frage in geistlicher Hinsicht ist die: Wie steht mein Wille zu Gott? Der Ausdruck »Mensch des Herzens« ist sehr bedeutungsvoll. Hier ist von der menschlichen Persönlichkeit die Rede, nicht von den Gefühlen. Diese gehören gar nicht zum verborgenen Menschen, sondern zum natürlichen Menschen. Sie sind den vielen Veränderungen unterworfen, die den Menschen von außen beeinflussen. Sie geben nur Auskunft darüber, wie er sich fühlt, sind jedoch keinesfalls ein Prüfstein für den wahren Zustand des inneren Menschen.

Wenn unsere Gefühle sich auflehnen, sollte uns das nicht verwirren oder entmutigen, denn sie gehören nicht zu unserer zentralen Persönlichkeit. Gott wünscht sich von uns nicht eifrige Gefühle, sondern eine einwandfreie Willenseinstellung. Er prüft den verborgenen Menschen des Herzens, und wenn dieser Ihm ehrlich ergeben ist, kümmert Er sich nicht um das Geschrei unserer Gefühle. »Mein Sohn, auf meine Worte achte, meinen Reden neige dein Ohr zu! Laß sie nicht aus deinen Augen weichen, bewahre sie im Innern deines Herzens!« (Sprüche 4,20-21).

Gottes Wort im Herzen zu bewahren, ist viel zuverlässiger und effektiver, als erhabene Gefühle über Ihn zu hegen.

Wir können uns leicht gefühlsbedingt für eine Sache begeistern, die unser Herz völlig kalt läßt. Die Menschen können in Gefühlen schwelgen, ohne ihren Willen einzuschalten. Das nennt man Sentimentalität, ein Ausdruck, der etwas als reine Gefühlssache bezeichnet, die der Realität entbehrt. Realistischer Lebensstil muß den Willen einbeziehen, denn nur der Wille bestimmt das Leben des Menschen.

> »Und das Volk freute sich über ihre Bereitwilligkeit, denn mit ungeteiltem Herzen zeigten sie sich bereitwillig für den HERRN; und auch der König David freute sich mit großer Freude« (1.Chronik 29,9).
>
> »Jeder gebe, wie er sich in seinem Herzen vorgenommen hat: nicht mit Verdruß oder aus Zwang, denn einen fröhlichen Geber liebt Gott« (2.Korinther 9,7).

»Bereitwillig für den Herrn«, »wie er sich in seinem Herzen vorgenommen hat«; das heißt, daß nur jene Dinge, die wir willentlich und freiwillig tun, unserem ureigensten Selbst entstammen. Was oberflächlich getan wird, ist Schauspiel und hat keinen Bestand vor Gott, der in das Herz sieht. Gottes Reich kann nur im Bereich unseres Willens errichtet werden. Hier geht es nicht um außergewöhnliche Talente, gute Taten, heiße Gefühle oder wunderbare Erleuchtungen. Hier will der Mensch, was Gott will, immer, in allen Dingen und ohne Vorbehalte. Eigentlich kann der Mensch lediglich über seinen Willen verfügen. Seine Gefühle unterliegen der Beeinflussung durch seinen Gesundheitszustand, das Wetter, andere Menschen und anderem. Aber der Wille gehört ihm. Unser Wille ist äußerst wichtig. Darum ist nicht wichtig, wie wir uns gerade fühlen oder was wir erleben, sondern nur, ob wir wollen, was Gott will. Der Wille Jesu war dem Willen des Vaters völlig unterworfen.

> »An Schlacht- und Speisopfern hattest du kein Gefallen, Ohren hast du mir gegraben; Brand- und Sündopfer hast du nicht gefordert. Da sprach ich: Siehe, ich komme; in der Rolle des Buches steht über mich geschrieben. Dein Wohlgefallen zu tun, mein Gott, liebe ich; und dein Gesetz ist tief in meinem Innern« (Psalm 40,7-9).

Fenelon erklärt: »Ich bitte nicht um eine gefühlvolle, zärtliche Liebe, sondern um eine, die deinen Willen liebt.« Echte Liebe besteht im Willen, der so von Gottes Willen erfüllt ist, daß er nichts anderes tun möchte. Wer Gottes Willen mit Freuden tut, hat begriffen, daß Gottes Wille der beste ist. Darum will er, was Gott will. Diese Freude gefällt Gott besser, als irgendwelche Freudengefühle. Wie wir uns fühlen, ist nicht entscheidend.

Bedeutet das, daß wir unseren Willen aufgeben müssen? Ich sage JA. Werden wir dann nicht arme, schwache, willenlose Menschen ohne Rückgrat? Nein! Denn wir setzen einfach den vollkommenen, wunderbaren, weisen Willen Gottes an die Stelle unseres törichten, fehlgeleiteten, unwissenden und unreifen Willens. Wir sollen nicht unsere Willenskraft aufgeben, sondern den falschen Gebrauch dieser Willenskraft. Der Wille, den wir aufgeben sollen, ist der Wille, der sich von Gottes Willen unterscheidet. Wo er eins ist mit Gottes Willen, bleibt er unangetastet. Denn wenn unser Wille eins ist mit Gottes Willen, wäre es verkehrt, ihn aufzugeben.

Der Wille ist wie ein wunderbarer Mechanismus, eine Art »Regulator«, vergleichbar mit einer Dampfmaschine, die den Dampf reguliert. Wer die Maschine bedient, bestimmt ihre Arbeitsweise. Ähnlich funktioniert unser Wille. Er wird entweder von unserer eigenen Unwissenheit oder von Gottes Weisheit reguliert. Falsche Bedienung kann den ganzen Mechanismus durcheinanderbringen. In einer solchen Situation ist es gefährlich für uns, zu sagen »Ich will« bzw. »Ich will nicht«. Wenn wir aber Gott unseren Willen ausgeliefert haben und »in uns wirken lassen das Wollen und Wirken nach seinem Wohlgefallen«, dann sollen wir »unser Gesicht hart machen wie einen Kieselstein« in der Ausführung Seines Willens. Dann sollen wir auf jedes »Du sollst« mit einem festen »Ich will« antworten.

> »Ich ermahne euch nun, Brüder, durch die Erbarmungen Gottes, eure Leiber darzustellen als ein lebendiges, heiliges, Gott wohlgefälliges Opfer, was euer vernünftiger Gottesdienst ist. Und seid nicht gleichförmig dieser Welt, sondern werdet verwandelt durch die Erneuerung des Sinnes, daß ihr prüfen mögt, was der Wille Gottes ist: das Gute und Wohlgefällige und Vollkommene« (Römer 12,1-2).

Gottes Willen von Herzen tun ist alles, was zählt. Der Mensch, der seinen eigenen Willen Gott hingegeben hat, kann Gottes Willen von Herzen tun. Wahre Tugend besteht daher nicht in irgendwelchen Gefühlszuständen bzw. in guten Werken, sondern allein im Gott zugewandten Willen.

Was hat das für praktische Auswirkungen? Wir sind es gewohnt, unseren Gefühlszustand als Meßlatte für unser christliches Leben zu betrachten. Dabei übersehen wir vollkommen, in welchem Zustand sich unser Wille befindet, und lassen die Festung unserer Natur völlig ungeschützt, während wir uns um unwichtige Außenposten kümmern. Aber sobald wir begreifen, daß der Wille König ist, werden wir lernen, das Geschrei unserer

Gefühle zu überhören und die Willensentscheidung in den Vordergrund zu stellen, auch wenn sie unseren Gefühlen zuwiderläuft.

Ein praktisches Beispiel: Ein Christ wird schwer geprüft. Er ist sich bewußt, daß er sagen sollte: »Dein Wille geschehe«. Er will das auch tun. Aber seine Gefühle sträuben sich. Er meint, er würde heucheln und sich und Gott etwas vormachen, wenn er zu Gott sagen würde:»dein Wille geschehe«. Sobald der leidende Mensch Gottes Willen als seinen eigenen akzeptiert hat, hat er die Entscheidung getroffen und ist kein Heuchler, wenn er sagt: »Dein Wille geschehe.« Die Substanz der Hingabe liegt im Willen, nicht in den Gefühlen. Die Gefahr der Unwahrheit ist viel größer, wenn der Mensch seinen Gefühlen gehorcht, statt an der Entscheidung seines Willens festzuhalten. Wenn dein Wille auf Gottes Seite steht, wenn du dich als Sein Eigentum betrachtest und dich völlig Seiner Führung unterordnest, hat die Heuchelei gar keine Chance, auch wenn deine Gefühle das Gegenteil behaupten.

> »Ist es aber übel in euren Augen, dem HERRN zu dienen, dann erwählt euch heute, wem ihr dienen wollt: entweder den Göttern, denen eure Väter gedient haben, als sie noch jenseits des Stroms waren, oder den Göttern der Amoriter, in deren Land ihr wohnt! Ich aber und mein Haus, wir wollen dem HERRN dienen!« (Josua 24,15)

> »Aber Ruth sagte: Dringe nicht in mich, dich zu verlassen, von dir weg umzukehren! Denn wohin du gehst, dahin will auch ich gehen, und wo du bleibst, da bleibe auch ich. Dein Volk ist mein Volk, und dein Gott ist mein Gott. Wo du stirbst, da will auch ich sterben, und dort will ich begraben werden. So soll mir der HERR tun und so hinzufügen – nur der Tod

soll mich und dich scheiden. Als sie nun sah, daß Ruth fest darauf bestand, mit ihr zu gehen, da ließ sie ab, ihr zuzureden« (Ruth 1,16-18).

Ich wiederhole: Die Willensentscheidung ist alles, was zählt. Wir müssen entscheiden, ob wir Gottes Willen wollen. Die Gefühle sind unwichtig. Wir müssen begreifen lernen, daß unsere Gefühle nur Diener des Willens sind und daß nicht die Einstellung der Diener zählt, sondern die des Herrn. Sind wir entschieden auf der Seite Gottes? Ist unser Wille Ihm hingegeben? Sind wir entschlossen, Ihm zu dienen und um jeden Preis zu folgen? Wenn das der Fall ist, gehört Ihm unser Wille, ganz gleich, wie uns zumute ist. Wir entscheiden uns zu glauben, wir entscheiden uns zu gehorchen. Unsere Entscheidung ist eine Willensentscheidung.

Deine Treue zu Gott wird gemessen an deiner Willensentscheidung für Gott, ob die Gefühle mitziehen oder nicht. Gott akzeptiert das so, ob uns danach zumute ist oder nicht. Der Wille ist Ihm kostbar, weil Er nicht von einer Menge unkontrollierbarer Gefühle belastet ist. Sollte dich dieses quälende Gefühl der Heuchelei oder der Unwahrheit beschleichen, laß dich auf keinen Fall davon beeinflussen. Das stammt aus dem Bereich der Gefühle und hat keine Bedeutung. Es kann sogar von schlechter Verdauung oder dem Wetter verursacht werden. Vergewissere dich, daß dein Wille in Gottes Hand ist, daß dein Herz Ihm hingegeben ist, daß du ganz auf Seiner Seite stehst und bleibst. Deine widerstrebenden Gefühle, die sich durch deine Willensentscheidung an die starke Kraft Gottes angekettet fühlen, müssen in die Gefangenschaft ziehen und Ihm ihre Treue schwören. Es ist eine Tatsache, die manchen nicht bekannt ist, daß der Wille die Gefühle beherrschen kann, wenn uns wirklich daran liegt. Das kann man feststellen, wenn man meint, in der falschen Richtung zu gehen. Ich habe erlebt, wenn ich gefühlsmäßig überzeugt war, in die falsche Richtung zu gehen, konnte ich mein Gefühl total umstimmen, wenn ich fest auf dem Gegenteil bestand. So konnte ich auch oft meine widerspenstigen Gefühle, die sich gegen Gottes Willen sträubten, in den Griff bekommen, indem ich bewußt und fest auf meiner Entscheidung beharrte, mich Seinem Willen zu beugen und ihn freudig auszuführen. Manchmal schien es, als ob ich nur mit letzter Willenskraft sagen konnte: »Dein Wille geschehe«, weil meine Sinne und Gefühle sich nur am Augenscheinlichen orientierten. Aber ich siegte jedesmal! Gott nahm Besitz von meinem Willen, der ihm wirklich ergeben war, und wirkte in mir das »Wollen und Wirken seines Wohlgefallens«.

Möchten doch alle Leser diese praktische Lektion über den Willen schnell lernen und davon profitieren!

Kapitel 8

Freut euch im Herrn

»Übrigens, meine Brüder, freut euch im Herrn!«

Philipper 3,1a

»Übrigens, meine Brüder«, bedeutet soviel wie »Zusammenfassend, meine Brüder; alles, was ich euch zu sagen habe, ist einfach dies: Freut euch im Herrn!« Wenn wir die Episteln geschrieben hätten, wäre unser »letztes Wort« vielleicht etwas anders ausgefallen. Vielleicht hätten wir gesagt: »Übrigens, meine Brüder, freut euch über eure Treue. Oder: Freut euch über eure wunderbaren Erfahrungen. Oder: Freut euch über eure gute Arbeit im Herrn. Oder: Freut euch über euer Wachstum in der Gnade.« Wir hätten unsere Freude wahrscheinlich eher in dem gefunden, was uns selbst meint, obwohl wir eigentlich wissen müßten, daß jede Freude, die sich auf uns selbst konzentriert, in einer Enttäuschung enden muß, denn irgendwann enttäuschen wir uns immer.

> »So spricht der HERR: Der Weise rühme sich nicht seiner Weisheit, und der Starke rühme sich nicht seiner Stärke, der Reiche rühme sich nicht seines Reichtums; sondern wer sich rühmt, rühme sich dessen: Einsicht zu haben und mich zu erkennen, daß ich der HERR bin, der Gnade, Recht und Gerechtigkeit übt auf der Erde; denn daran habe ich Gefallen, spricht der HERR« (Jeremia 9,22-23).

Wer Gott kennt, kann jeden Tag froh sein. Ansonsten gibt es nichts, was uns beständig froh und glücklich machen kann. Denn alles hängt davon ab, wie unser Gott ist. Er hat uns erschaffen und an unseren Platz gestellt, und wir sind abhängig von Ihm. Wir sind Sein Besitz. Unser Wohlergehen hängt ganz von Seinem Charakter und Seiner Weisheit ab. Um uns beständig freuen zu können, müssen wir daher den Herrn verstehen und begreifen lernen, der »Gnade, Recht und Gerechtigkeit übt auf der Erde.«

Im Alltag ist dieses Wissen besonders notwendig, denn der Alltag hat oftmals wenig, was uns tiefe und beständige Freude macht. In Augenblicken geistlicher Erhebung scheint es uns zwar manchmal, als ob wir große Weisheit, große Kraft oder große geistliche Reichtümer hätten, in denen wir uns sonnen können. Aber wenn wir vom »Berg der Verklärung« in die Alltagsroutine herunterkommen, scheinen sich diese großartigen geistlichen Besitztümer schnell aufzulösen und wir haben nichts mehr, was wir auskosten könnten.

Gott ist der einzige, der sich nicht verändert. Selbst was wir »geistlichen Segen« nennen, ist wechselhaft. Einmal scheint unser Gebet erhört worden zu sein, am nächsten Tag scheint es nicht mehr so. Einmal meinen wir, Gottes Verheißung sei in unserem Leben voll erblüht, anderen Tags sehen wir überhaupt keine Zeichen mehr dafür. Der geistliche Segen, an dem wir uns einmal so erfreuten, hat sich aufgelöst. Nichts von dem, auf das wir unser Vertrauen und unsere Zuversicht gesetzt hatten, ist geblieben.

Geblieben ist nur der Hunger und die Sehnsucht. Aber wenn alles verschwunden ist, ist Gott immer noch da. Nichts verändert Ihn. Er ist derselbe gestern, heute und in Ewigkeit, und in Ihm gibt es keine Veränderung, keinen Schatten. Darum steht der Mensch fest, der seine Freude allein in Gott sucht und findet.

»Wahrlich, wahrlich, ich sage euch, daß ihr weinen und wehklagen werdet, aber die Welt wird sich freuen; ihr werdet traurig sein, aber eure Traurigkeit wird zur Freude werden. Die Frau hat Traurigkeit, wenn sie gebiert, weil ihre Stunde gekommen ist; wenn sie aber das Kind geboren hat, gedenkt sie nicht mehr der Bedrängnis, um der Freude willen, daß ein Mensch zur Welt geboren ist. Auch ihr nun habt jetzt zwar Traurigkeit; aber ich werde euch wiedersehen, und euer Herz wird sich freuen, und eure Freude nimmt niemand von euch« (Johannes 16,20-22).

Wenn wir Freude wollen, die niemand von uns nehmen kann, müssen wir sie dort finden, wo kein Mensch sie zerstören kann. Eine Freude, die menschlichen Schwankungen unterworfen ist, ist unbeständig. Die einzige dauerhafte Freude ist nur in unserem Gott zu finden. Und zwar in Ihm allein, das heißt, in Seiner Person, unabhängig von Seinen Gaben, von Seinem Segen, von allem, was Veränderungen unterworfen ist. Er bleibt sich immer gleich. Er ist immer derselbe gute, liebende, fürsorgliche, heilige Gott, und wir können uns an Ihm freuen, unabhängig von Seinen Gaben und Verheißungen. Warum freuen wir uns an einem Baby? Einfach, weil es existiert; nicht weil es irgend etwas für uns tun kann oder getan hat. An Gott Freude zu haben, hat darüber hinaus noch eine unendlich tiefere und größere Bedeutung. »Du wirst mir kundtun den Weg des Lebens; Fülle von Freuden ist vor deinem Angesicht, Lieblichkeiten in deiner Rechten immerdar« (Psalm 16,11).

In Seiner Gegenwart ist höchste Freude. Sonst nirgends. Wie die Gegenwart der Mutter das Kind glücklich macht, so geht es uns, wenn wir an Gott denken. Die Mutter braucht dem Kind nichts zu versprechen oder ihm ihre Zukunftspläne erklären. Sie ist einfach da, und das genügt dem Kind. Das Kind freut sich an der Mutter selbst, es denkt gar nicht an irgendwelche Vorteile. Für das Kind steht über allem, was sich verändert und ändern kann, die unveränderliche Freude, daß die Mutter da ist. Es freut sich daher instinktiv in ihrer Gegenwart. Es hat keine Erklärung dafür, es weiß einfach, ich bin geborgen. Das gleiche gilt für Gottes Kinder. Sie dürfen sich vor allem freuen, weil sie wissen: Gott ist gut, und Gott ist da. Und weil das so ist, sorgen sie sich um nichts. Wenn Gott so ist, wie Er wirklich ist, was kann ihnen passieren? Vernachlässigung, Gleichgültigkeit, Vergeßlichkeit und Fehler sind Ihm unmöglich. Er weiß alles. Er sorgt für alles. Er hat alles unter Kontrolle. Und Er liebt uns! Das reicht doch sicher für eine so unbändige Freude, die man gar nicht mit Worten ausdrücken kann. Was uns sonst fehlen mag, spielt hier gar keine Rolle.

> »Denn der Feigenbaum blüht nicht, und an den Reben ist kein Ertrag. Der Ölbaum versagt seine Leistung, und die Terrassengärten bringen keine Nahrung hervor. Die Schafe sind aus der Hürde verschwunden, und kein Rind ist in den Ställen.– Ich aber, ich will in dem HERRN frohlocken, will jubeln über den Gott meines Heils. Der HERR, der Herr, ist meine Kraft. Den Hirschen gleich macht er meine Füße und über die Höhen läßt er mich einherschreiten« (Habakuk 3,17-19a).

Da kann alles öde und leer sein! Blüte und Frucht können aus unserem Leben verschwunden sein. Unsere geistlichen Felder geben vielleicht keinen Weizen mehr. Wenn wir aber wissen, wie man sich im Herrn freut, merken wir schnell, wie unsere Füße dem »Hirsch gleichgemacht« werden an Schnelligkeit, so daß wir auf den Höhen geistlichen Triumphes einherschreiten. »Und Ephraim wird sein wie ein Held, und ihr Herz wird sich freuen wie vom Wein. Und ihre Kinder werden es sehen und sich freuen, ihr Herz wird frohlocken in dem HERRN« (Sacharja 10,7).

Sich im Herrn freuen ist kein frommes Märchen oder eine religiöse Phrase. Es ist auch nichts Mystisches. Es ist einfach Freude und Trost aufgrund von herrlichen Wahrheiten. Wenn wir diese Freude haben, können sich sogar die Leute in unserer Umgebung daran freuen, denn sie glättet die Falten und nimmt uns das Seufzen.

> »Und er sagte weiter zu ihnen: Geht hin, eßt fette Speisen und trinkt süße Getränke und sendet dem Anteile, für den nichts zubereitet ist. Denn der Tag ist unserem Herrn heilig. Und seid nicht bekümmert, denn die Freude am HERRN, sie ist euer Schutz. Und die Leviten beruhigten das ganze Volk, indem sie sagten: Seid still, denn der Tag ist heilig! Seid nicht bekümmert! Da ging das ganze Volk hin, um zu essen und zu trinken und Anteile zu versenden und ein großes Freudenfest zu begehen. Denn sie hatten die Worte verstanden, die man ihnen mitgeteilt hatte« (Nehemia 8,10-12).

Die Freude ist immer eine Quelle der Kraft. Wenn wir glücklich sind, fühlen wir uns allem gewachsen. Wenn wir niedergeschlagen sind, ist uns alles eine Last. Das gilt für das irdische, wie für das geistliche Leben. Es hat allerdings den Anschein, als ob viele Christen meinten, im geistlichen Leben sei es umgekehrt wie im irdischen, das heißt, daß Niedergeschlagenheit und Entmutigung ein größerer Ansporn im geistlichen Leben seien als die Freude. Man betrachtet daher Trübsal und Kleinmut als etwas sehr Frommes. Die Freude wird quasi als geistliches Bonbon betrachtet, das man nur selten und überraschend bekommt. Ist es dann ein Wunder, daß das Leben solcher Christen dahinwelkt und vertrocknet?

»Dafür, daß du dem HERRN, deinem Gott, nicht mit Freude und mit fröhlichem Herzen gedient hast wegen des Überflusses an allem, wirst du deinen Feinden, die der HERR gegen dich senden wird, dienen in Hunger und Durst, in Blöße und in Mangel an allem. Und er wird ein eisernes Joch auf deinen Hals legen, bis er dich vernichtet hat« (5. Mose 28,47-48).

Weil dem Herrn nicht mit Freude und fröhlichem Herzen gedient wird, *darum* kann es keine Frucht geben und der Dienst wird zu einem eisernen Joch auf unseren Nacken. Ursache und Wirkungen sind auch im geistlichen Leben untrennbar miteinander verknüpft. Gottes »darum« ist jedoch kein willkürliches Urteil, sondern entspringt dem »weil«. Wenn wir uns nicht freuen und im Herrn von Herzen fröhlich sind, bekommen wir ganz sicher Hunger und Durst, sind nackt und haben Mangel an allem. Unser geistliches Leben ist göttlicher Abstammung! Darum kann keine andere Freude als die Freude an Gott uns je zufriedenstellen. Alles andere wird mit der Zeit langweilig und ermüdend. Irdische Freuden sind kurzlebig und oberflächlich und können uns nicht glücklich machen, weil wir für Gott erschaffen sind. Salomo mußte das entdecken.

»Und alles, was meine Augen begehrten, entzog ich ihnen nicht. Ich versagte meinem Herzen keine Freude, denn mein Herz hatte Freude von all meiner Mühe, und das war mein Teil von all meiner Mühe. Und ich wandte mich hin zu all meinen Werken, die meine Hände gemacht, und zu der Mühe, mit der ich mich abgemüht hatte. Und siehe, das alles war Nichtigkeit und ein Haschen nach Wind. Also gibt es keinen Gewinn unter der Sonne. ...

Da haßte ich das Leben, denn das Tun, das unter der

Sonne getan wird, war mir zuwider« (Prediger 2,10-11.17).

Keiner genoß irdische Freuden in solcher Fülle wie Salomo. Und doch mußte er schließlich eingestehen: »Und siehe, das alles war Nichtigkeit und ein Haschen nach Wind. Also gibt es keinen Gewinn unter der Sonne.« Viele Menschen sind zu demselben Ergebnis gekommen. Faber sagt: Gott hat uns so erschaffen, daß wir nur in Ihm unser Glück finden. Alles, was Er in unserem Leben tut, soll uns zu diesem Ziel bringen. Darum muß Er immer wieder unsere falschen irdischen Vorstellungen zerstören. Er löst uns von allem anderen, damit Er uns an sich binden kann, weil Er weiß, daß wir nur so glücklich sein können. Damit meine ich nicht, daß alle meine Freunde sterben müssen oder mein ganzes Geld verlorengehen muß, sondern daß ich innerlich und äußerlich trostlos und traurig und leer bleibe, außer wenn ich meine Freude in Gott habe. Ich muß also an meine menschlichen Grenzen kommen, damit ich meine ganze Freude an Gott haben kann.

»Den Tod verschlingt er auf ewig, und der Herr HERR wird die Tränen abwischen von jedem Gesicht, und die Schmach seines Volkes wird er von der ganzen Erde hinwegtun. Denn der HERR hat geredet. An jenem Tag wird man sagen: Siehe da, unser Gott, auf den wir hofften, daß er uns rette! Da ist der HERR, auf den wir hofften! Wir wollen jauchzen und uns freuen in seiner Rettung!« (Jesaja 25,8-9).

Für jeden muß eine Zeit kommen, wo er ebenfalls sagen kann: »Siehe da, unser Gott, auf den wir hofften! Wir wollen jauchzen und uns freuen in seiner Rettung.« Durch alle Lebenserfahrungen hindurch steuern wir auf diesen Punkt zu, und unser ganzes geistliches Training hat nur den Zweck, uns dahin zu bringen. Sollte es hier eine Verzögerung geben, geht sie keinesfalls von Gottes Seite aus, sondern hängt von uns ab. Gott versucht ständig, unsere ganze Freude zu werden. Tatsache ist, daß Gott ständig auf uns wartet. Nicht wir warten auf Ihn, sondern Er wartet auf uns. »So werde ich kommen zum Altar Gottes, zum Gott meiner Jubelfreude, und werde dich preisen auf der Zither, Gott mein Gott!« (Psalm 43,4)

Wie man zu Gott kommen kann, ist kein Geheimnis. Ich richte einfach meine Gedanken völlig auf Ihn, lasse mein Herz in Ihm ruhen und wende mich weg von allen anderen Ruheplätzen. Ich beschäftige mich weder mit Umständen noch mit meiner Umgebung, weder mit Schwierigkeiten noch mit meiner eigenen Erfahrung. Ich schaue meinen Herrn an und denke an Ihn. Dabei frage ich nicht nach meiner eigenen Meinung, sondern nach der Meinung des Herrn.

> »Siehe, Gott ist mein Heil, ich bin voller Vertrauen und fürchte mich nicht. Denn der HERR ist meine Stärke und mein Loblied, und er ist mir zum Heil geworden« (Jesaja 12,2).

Bis wir wirklich sagen können: »Gott ist mein Heil« – das heißt, Gott allein und sonst nichts und niemand –, sind wir nicht fähig, Wasser aus den Quellen des Heils zu schöpfen.

Wenn irgend etwas außer Gott zu unserem Heil gehört, irgendeine Erfahrung, ein Segen, gute Werke oder sogar die gesunde Lehre, dann schöpfen wir das Wasser nicht aus den Quellen von Gottes Heil. Statt dessen versuchen wir vergeblich, es aus rissigen Zisternen zu schöpfen, die wir uns selbst ausgehauen haben und die kein Wasser halten (Jeremia 2,13). »Doch mögen sich freuen alle, die sich bei dir bergen, und jubeln allezeit. Du beschirmst sie, darum frohlocken in dir, die deinen Namen lieben«

(Psalm 5,12). Siehe auch Philipper 3,1; Lukas 1,46-47; Jesaja 29,19; Psalm 104, 33-34.

Die Bibel drückt überall unsere Freude im Herrn aus. Es wäre gut, diese Stellen anhand einer Konkordanz nachzuschlagen.

Damit wir wirklich verstehen, worum es geht, müssen wir uns ganz klar darüber sein, was geistliche Freude und ein fröhliches Herz im biblischen Sinne sind. Für manche Leute ist geistliche Freude wie ein Geschenkpaket oder eine einmalige Zuteilung, die man im Herzen aufhebt, anschaut und sich darüber freuen kann. Die Freude selbst ist aber kein Objekt. Sie entspringt einfach aus der Gewißheit, etwas Kostbares zu besitzen. Die Freude des Christen hat ihren Ursprung in der Erkenntnis, einen wunderbaren Gott und Retter zu besitzen. Auch in irdischen Dingen freuen wir uns nicht an unserer Freude, sondern an der Ursache unserer Freude. Dasselbe gilt in geistlicher Hinsicht. Wir freuen uns nicht an unserer Freude, sondern wir »freuen uns am Herrn und jubeln im Gott unseres Heils.« Und diese Freude kann niemand von uns nehmen, und kein irdischer Schmerz kann an sie herankommen.

Die geistlichen Autoren der Vergangenheit haben diese Freude in Gott erkannt und haben alle von einem notwendigen Lösungsprozeß geschrieben. Sie haben diesem Prozeß verschiedene Namen gegeben, wie »innere Trostlosigkeit«, »Winter der Seele«, »Phase der Dunkelheit«. Gemeint ist immer die Erfahrung, daß keine irdische Freude uns glücklich machen kann; daß wir davon befreit werden müssen, um zu Gott zu gelangen.

Ein Autor beschreibt das geistliche Leben in drei Stadien: dem freudigen Anfang, der Trostlosigkeit und der Freude in Gott allein. Am Anfang ist der Christ voller Freude und das geistliche Leben scheint zu blühen. Er wächst geistlich, aber stößt bald auf die Trostlosigkeit. Hier geht der Christ durch die Wüste und erleidet den Verlust aller inneren und äußeren Tröstungen. Sobald diese Periode der Trostlosigkeit gewissenhaft durchschritten ist, erlebt er die reine und beständige Freude in Gott und ist frohen Herzens. In der Wüste bleibt alles zurück, damit Gott ihm alles sein kann. Das Wüstenstadium birgt seine Gefahren: der Christ kann unter der Trostlosigkeit verzweifeln und zu den Fleischtöpfen Ägyptens zurückkehren, um seine vermeintliche Freude wiederzufinden. Der Autor erwähnt, daß diese Wüste voller Leichen »frustrierter Heiliger« ist. Wir können sicher verstehen, was er damit meint. »Und die Befreiten des HERRN werden zurückkehren und nach Zion kommen mit Jubel, und ewige Freude wird über ihrem Haupt sein. Sie werden Wonne und Freude erlangen, und Kummer und Seufzen werden entfliehen.«

Jeder Christ muß irgendwann diese Erfahrung durchmachen, um zum Ursprung seiner Freude zu kommen. Und sollte der einzige Pfad auch durch die unwegsame Wüste gehen, heißen wir die Wüste willkommen und machen uns im frohen Glauben auf den Weg! Denn wenn alles andere im Himmel und auf Erden versagt, bleibt uns nur die Freude am Herrn. Deshalb ist sie so wichtig für uns. Nicht Seine Gaben und Verheißungen, sondern Seine Person. Gottes Wort befiehlt uns ausdrücklich: »Freut euch im Herrn allezeit! Wiederum will ich sagen: Freut euch!« (Philipper 4,4) Tun wir das?

Können wir mit dem Apostel und dem Psalmisten sagen, daß wir jubeln und uns in Gott freuen? »Nicht allein aber das, sondern wir rühmen uns auch Gottes durch unseren Herrn Jesus Christus, durch den wir jetzt die Versöhnung empfangen haben« (Römer 5,11).

Kapitel 9

Der Sinn des Leidens

»Denn nicht kommt aus dem Staub Unheil hervor, und aus der Erde sproßt nicht Mühsal; sondern der Mensch ist zur Mühsal geboren, wie die Funken nach oben fliegen« (Hiob 5,6-7).

Die Mühsal in unserem Leben kann keinesfalls auf die Nachlässigkeit Gottes zurückgeführt werden, denn die Bibel lehrt klar, daß sie dazu gehört. »Der Mensch, von der Frau geboren, lebt kurze Zeit und ist mit Unruhe gesättigt« (Hiob 14,1). Der Psalmist erklärt in bezug auf dieses Thema: Gottes Gerichte sind gerecht, und Gott hat ihn in seiner Treue ins Leiden geführt.

Probleme haben also mit Gottes Treue gegen uns zu tun, nicht mit Seiner Untreue, wie manche annehmen. Die Geschichte von Lazarus macht darüber erstaunliche Aussagen. Martha nahm an, daß sie leiden mußte, weil der Herr im Augenblick der Not nicht dagewesen war. »Herr«, rief sie aus, »wärst du dagewesen, wäre mein Bruder nicht gestorben« (Johannes 11,21). Aber die Abwesenheit des Herrn war weder ein Fehler noch ein Versehen gewesen. Er hatte es so geplant. Er war abwesend aus Barmherzigkeit.

> »Es war aber einer krank, Lazarus, von Bethanien, aus dem Dorf der Maria und ihrer Schwester Martha. Maria aber war es, die den Herrn mit Salböl salbte und seine Füße mit ihren Haaren abtrocknete; deren Bruder Lazarus war krank. Da sandten die Schwe-

stern zu ihm und ließen ihm sagen: Herr, siehe, der, den du lieb hast, ist krank. Als aber Jesus es hörte, sprach er: Diese Krankheit ist nicht zum Tode, sondern um der Herrlichkeit Gottes willen, damit der Sohn Gottes durch sie verherrlicht werde. Jesus aber liebte die Martha und ihre Schwester und den Lazarus. Als er nun hörte, daß er krank sei, blieb er noch zwei Tage an dem Ort, wo er war. ... Dann sagte ihnen Jesus gerade heraus: Lazarus ist gestorben; und ich bin froh um euretwillen, daß ich nicht dort war, damit ihr glaubt; aber laßt uns zu ihm gehen« (Joh. 11,1-15).

Er liebte sie; deshalb blieb Er weg! Es war Seine Treue, nicht Seine Untreue, die ihren Schmerz zuließ. Wir können sicher sein, daß das auch bei unserem Schmerz der Fall ist. Wir sagen in unserer Unwissenheit: »Wenn du dagewesen wärst, wäre dies oder jenes nicht falsch gelaufen«; aber wenn wir ins Herz des Herrn sehen könnten, würden wir Seine Antwort hören: »Ich bin froh um deinetwillen, daß ich nicht da war.« Die Liebe kann sich nicht über den Schmerz des Geliebten freuen, es sei denn, aus diesem Schmerz geht etwas unendlich Größeres hervor. Wir können gewiß sein, daß sich in unseren Schmerzen Segen verbirgt, den wir nicht aufs Spiel setzen sollten.

Der Herr betrübt uns nicht, weil es Ihm Freude macht, sondern weil Er keine andere Wahl hat. Nur so kann Er Segen über uns bringen, der in der Trübsal verborgen ist. Diese Tatsache dürfen wir nie in Frage stellen. Wenn es einen anderen Weg gäbe, uns zu geben, was wir brauchen, dürfen wir sicher sein, unser liebevoller und gütiger himmlischer Vater würde ihn wählen. Es gibt anscheinend keinen anderen Weg. Welcher Segen wartet auf uns in Schmerz und Trübsal? Welchen Sinn hat das Leiden, von dem die Welt so voll ist?

Die Antwort steckt in diesem einen Satz: »Denn die der Herr liebt, die züchtigt er.« Der Sinn des Leids ist die Liebe. Das Leid ist keine Strafe im gewöhnlichen Sinn. Es ist Züchtigung. Der Mensch versteht das Wort Strafe meist als Vergeltung bzw. Rache. Aber Gott versteht unter Strafe eine Art elterliche Züchtigung. Das Wort »Züchtigung« bedeutet, einem anderen Schmerz zufügen, um ihn von Irrtum oder Fehlern zu befreien. Gott züchtigt uns also um der Wahrheit und Freiheit willen, nicht um Rache zu üben. Wen Er liebt, den züchtigt Er, nicht wen Er haßt oder auf wen Er zornig ist. Das Leid soll uns also behilflich sein, »Teilhaber an Gottes Heiligkeit« zu werden. Es dient der Charakterbildung, die für uns das wichtigste überhaupt ist. Was mir geschieht, bedeutet nichts im Vergleich zu dem, was ich bin. Aus dieser Sicht kann ich verstehen, daß mir Dinge wie Bequemlichkeit und ein leichtes Leben ohne Mühsal und Kummer nichts nützen, wenn sie nicht meinen Charakter für die Ewigkeit formen.

> »Denn das schnell vorübergehende Leichte der Drangsal bewirkt uns ein über die Maßen überreiches, ewiges Gewicht von Herrlichkeit, da wir nicht das Sichtbare anschauen, sondern das Unsichtbare; denn das Sichtbare ist zeitlich, das Unsichtbare aber ewig« (2.Korinther 4,17-18).

Was uns ewige Herrlichkeit einbringt, kann nur als Segen bezeichnet werden. Wenn wir mit unseren Augen das Ziel sehen könnten, würden wir die Drangsal sicher schätzen lernen. Der Marmor mag zittern und dem ständigen schweren Schlag des Meißels ausweichen wollen, aber wenn er zur herrlichen Statue geworden ist, herrscht eitel Freude.

Trifft das nun auf jedes Leid zu? Wir sehen vielleicht ein, daß manches ganz offensichtlich zum Segen gereicht. Aber gibt es nicht auch Leid, das von Natur aus immer ein Fluch ist? Ich glaube, daß alle Schwierigkeiten, gleich welcher Art, uns reinigen und heiligen sollen und daß dies immer zu einem gewissen Maß geschieht, auch wenn wir nicht den ganzen Segen empfangen, der uns vorbehalten war, weil es uns an der nötigen Hingabe und Demut mangelte. Der Prophet klärt uns über die Folgen der Mühsal auf, wenn er sagt: »HERR, in der Not haben sie dich gesucht. Als deine Züchtigung sie bedrängte, schrieen sie« (Jesaja 26,16). Ich glaube, das trifft sogar dann zu, wenn die Not eine direkte Folge unserer eigenen Sünden sind. Wir können das in vielen Fällen sehen, wo die Kinder Israels wegen ihrer Sünden in Not kamen.

> »Trotz alledem sündigten sie weiter und glaubten nicht an seine Wunder. Da ließ er in Nichtigkeit hinschwinden ihre Tage und ihre Jahre in Schrecken. Wenn er sie umbrachte, dann fragten sie nach ihm, kehrten um und suchten nach Gott. Und sie gedachten daran, daß Gott ihr Fels sei und Gott, der Höchste, ihr Erlöser« (Psalm 78,32-35).

Ganz offensichtlich waren fast alle Schwierigkeiten im Volk Israel ein direktes und folgerichtiges Ergebnis ihrer eigenen Sünden. Sie waren Gott ungehorsam und rebellierten gegen Ihn. Darum ließ Gott zu, daß sie von ihren Feinden besiegt wurden. Aber es ist auch klar, daß diese Strafe als Züchtigung gemeint war, um sie zum Bund mit Gott zurückzuführen. Dieser Zweck wurde immer erfüllt. »Wenn er sie umbrachte, dann fragten sie nach ihm.« Das ist göttliche Züchtigung, göttliche Liebe.

Der Haß straft aus Rache, aber die Liebe straft zur Veränderung. Gott hat keine Rachegefühle gegen uns. Er hat ein Herz, das nicht ruht, bis wir vollkommen glücklich sind. Danken wir Gott, daß Er uns so liebt.

»Wer aber kann den Tag seines Kommens ertragen, und wer wird bestehen bei seinem Erscheinen? Denn er wird wie das Feuer eines Schmelzers und wie das Laugensalz von Wäschern sein. Und er wird sitzen und das Silber schmelzen und reinigen, und er wird die Söhne Levi reinigen und sie läutern wie Gold und wie Silber, so daß sie Männer werden, die dem HERRN Opfergaben in Gerechtigkeit darbringen« (Maleachi 3,2-3).

»Und ich bringe den dritten Teil ins Feuer, läutere sie, wie man das Silber läutert, und prüfe sie, wie man das Gold prüft. Der wird meinen Namen anrufen, und ich werde ihm antworten, ich werde sagen: Er ist mein Volk. Und er wird sagen: Der HERR ist mein Gott« (Sacharja 13,9).

Eine Reinigung ist keine Strafe, sondern Befreiung von Schlacke und Unedlem, um die ganze Schönheit und Kostbarkeit herauszuarbeiten. Sie ist ein Segen, kein Fluch. Weil wir Gottes Geschöpfe und Gottes Kinder sind, gefällt es Ihm, wenn wir gereinigt und in Sein Bild verwandelt werden wollen. Er hat die Verantwortung dafür, unsere Schlacke zu verbrennen, damit unsere ganze Schönheit zum Ausdruck kommt.

Drangsal und Mühsal haben nur einen Sinn: sie sollen uns gut machen. Wir haben ein Recht darauf, gut zu werden, weil es Gottes Plan mit uns ist. Akzeptieren wir doch unsere Prüfungen als Teil unseres Geburtsrechts und danken wir dem göttlichen Töpfer, der unermüdlich Seine Töpferscheibe dreht und alle spitzen Steine, Unreinheiten und Sand gewissenhaft entfernt, weil sie die vollkommene Schönheit des Porzellans beeinträchtigen.

In diesem Licht sehen unsere Prüfungen ganz anders aus! Da können wir leicht sagen: »Dein Wille geschehe!«, weil wir begriffen haben, daß Schwierigkeiten als

Segen für uns gedacht sind! Der Psalmist hat das zutiefst begriffen, wie Psalm 107 zeigt. Der Herr züchtigte Israel jedesmal, wenn sie Ihm den Rücken kehrten und unter Seiner Züchtigung schrieen sie zu Ihm. Und immer wieder bricht der Psalmist in die Worte aus: »Sie sollen den Herrn preisen für seine Gnade, für seine Wunder an den Menschenkindern!«

Wenn wir bedenken, wie sehr wir durch Leid und Trübsal bereits gesegnet wurden, können wir sicher in diesen Lobpreis einstimmen!

Außer zur Züchtigung und Veredelung dienen Mühsal und Prüfungen auch dazu, uns von einer eingeschlagenen falschen Richtung abzubringen und auf den rechten Weg zurückzubringen. Enttäuschungen bringen uns oft auf direktem Weg zu dem Ziel, das sie zu versperren scheinen. Joseph ist ein gutes Beispiel. Wo Gott uns einen Weg verstellt, öffnet Er neue Türen. Er vereitelt unsere eigenen Wege, weil sie uns nicht zum gewünschten Ziel bringen können. Dann werden wir niedergeschlagen und traurig und geben auf. Aber oft geht uns später auf, wie genau dieses Hindernis den Erfolg gewährleistet hat, den wir uns erhofft hatten. Diese Handlungsweise Gottes bringt uns oft sogar zu einem viel höheren, besseren Ziel. Er verwandelt unsere Traurigkeit in Freude.

> »Er hat mich gesandt,... den Trauernden Zions ... Kopfschmuck statt Asche zu geben, Freudenöl statt Trauer, ein Ruhmesgewand statt eines verzagten Geistes, damit sie Terebinthen der Gerechtigkeit genannt werden, eine Pflanzung des HERRN, daß er sich durch sie verherrlicht« (Jesaja 61,3).
>
> »Meine Wehklage hast du mir in Reigen verwandelt, mein Sacktuch hast du gelöst und mit Freude mich umgürtet« (Psalm 30,11).
>
> Siehe auch Jesaja 35,6-7.

Ich habe oft erlebt, wie meine Wehklage sich in Reigen verwandelte: die Prüfungen, die mich traurig machten, wurden zu Brückenschlägen des Erfolgs. Ich bin sicher, das ist öfter der Fall, als wir meinen.

Ich kannte einen Mann, dessen Füße erfroren waren. Alle seine Pläne wurden durch die eingetretene Lähmung vereitelt. Er trauerte um sein ruiniertes Leben und litt große Not. Aber dieser Schicksalsschlag öffnete ihm den Weg für eine andere Karriere, von der er stets geträumt, sie aber als unerreichbar angesehen hatte. Er wurde gesegneter, als er es sich je erträumen konnte. So verwandelte sich seine größte Not in seinen größten Triumph. Es gibt viele solche Beispiele. Jedes Leben hat seine eigenen.

> »Denn der HERR tröstet Zion, tröstet alle seine Trümmerstätten. Und er macht seine Wüste wie Eden und seine Steppe wie den Garten des HERRN. Jubel und Freude findet man darin, Lobpreis und Stimme des Gesanges« (Jesaja 51,3).

Wie oft haben wir schon erlebt, wie unsere Wüsten zu Gärten des Herrn werden! Da ist es eigentlich verwunderlich, daß wir uns bei neuen Schwierigkeiten immer noch so niederschlagen und überwältigen lassen! Es wäre gut, wenn wir uns einmal aufschreiben würden, wo diese wunderbaren Veränderungen in unserem eigenen Leben von Gott gewirkt wurden. Das würde uns beim nächsten Mal hellhörig machen und vor Verzweiflung bewahren.

Wenn wir Gottes Hand hinter Leid und Not sehen und die oberflächlichen Ursachen außer acht lassen, haben wir die Kraft, diese Dinge direkt aus Gottes Hand anzunehmen. Andere Menschen können zwar an der Verursachung unserer Probleme beteiligt sein, oder wir können selbst die Ursache sein. Aber dahinter steht Gott, der immer noch alles unter Kontrolle hat und uns nichts zumutet, ohne uns zu segnen, sei es zur Reinigung, Züchtigung oder als Blockade, um uns vor Unglück zu bewahren. Warum sind wir traurig und meinen, Gott habe mit unserem Problem nichts zu tun? Ein solches Problem gibt es gar nicht. Wenn nicht einmal ein Spatz vom Dach fällt, ohne daß unser Vater es sieht, auch wenn ein Stein in der Hand eines bösen Jungen ihn getroffen hat, dann kann uns ebenfalls nichts in die Quere kommen ohne Ihn, obwohl eine böse oder gleichgültige Hand die Ursache war. Sobald uns das Problem erreicht hat, ist es zum Willen Gottes für uns geworden und soll uns segnen. »Nicht Bote noch Engel – er selbst hat sie gerettet. In seiner Liebe und in seinem Erbarmen hat er sie erlöst. Und er hob sie auf und trug sie alle Tage der Vorzeit« (Jesaja 63,9). »Denn er hat nicht verachtet noch verabscheut das Elend des Elenden, noch sein Angesicht vor ihm verborgen; und als er zu ihm schrie, hörte er« (Psalm 22,24).

Der Engel Seiner Gegenwart rettet uns in all unserer Not. Das ist immer so. Keine einzige Not wird von Ihm zurückgewiesen oder ist Ihm zu widerlich. In keiner verbirgt Er Sein Antlitz vor uns. Vielleicht verbietet uns die Angst, uns den Menschen anzuvertrauen. Sie könnten uns ablehnen oder verabscheuen. Aber Gott weiß um unsere Not und verbirgt Sein Angesicht nicht vor uns. Er verachtet nicht unsere Not. Der Engel Seiner Gegenwart wird uns immer retten, wenn wir es zulassen, und Er wird alle Dinge, selbst die traurigsten und schlimmsten, die von unseren eigenen Sünden herrühren, »zu unserem Besten gereichen lassen.« »Vielfältig ist das Unglück des Gerechten, aber aus dem allen errettet ihn der HERR. Er bewahrt alle seine Gebeine, nicht eines von ihnen wird zerbrochen« (Psalm 34,20-21).

Kapitel 10

Der verborgene Gott

»Ach, daß ich wüßte, wie ich ihn finden und zu seiner Stätte kommen könnte! Ich wollte vor ihm den Rechtsfall darlegen und meinen Mund mit Beweisgründen füllen .... Siehe, gehe ich nach vorn, so ist er nicht da, nach hinten, so bemerke ich ihn nicht, nach links, sein Tun schaue ich nicht, biege ich ab nach rechts, so sehe ich ihn nicht«
(Hiob 23,3.8).

»Ach, daß ich wüßte, wie ich ihn finden könnte!« Dieser verzweifelte Schrei entfuhr Hiob Jahrhunderte vor der Geburt Christi, und wir können verstehen, daß es in jenen dunklen Tagen Grund zu solchen Äußerungen gab. Aber daß heute jemand, der eine Bibel besitzt und nur ein bißchen an Christus glaubt, so etwas sagen könnte, scheint unmöglich. Wir wissen aber, daß dies oft genug der Schrei selbst christlicher Herzen ist. Er offenbart eine der größten Hindernisse im Leben vieler Christen. Sie meinen, Gott verberge sich vor ihrem sehnsüchtigen Blick und Er tue das aus Zorn oder Gleichgültigkeit. Besonders im Alltag kommen solche Gedanken auf. Sonntags im Gottesdienst oder bei Gebetstreffen hilft uns unsere Umgebung, die Gegenwart Gottes bewußter zu erleben. Aber im Geschäftsleben, in der Hektik des Alltags geht uns dieses Bewußtsein leicht verloren. Und wenn wir Seine Gegenwart nicht spüren, folgern wir, Er sei nicht da.

»Erwache! Warum schläfst du, Herr? Wache auf!

Verwirf uns nicht auf ewig! Warum verbirgst du dein Angesicht, vergißt unser Elend und unsere Bedrükkung? Denn unsere Seele ist in den Staub gebeugt, unser Bauch klebt an der Erde« (Psalm 44,24-26).

»Wird der Herr auf ewig verwerfen und künftig keine Gunst mehr erweisen? Ist seine Gnade für immer zu Ende? Hat das Wort aufgehört von Geschlecht zu Geschlecht? Hat Gott vergessen, gnädig zu sein? Hat er im Zorn verschlossen seine Erbarmungen?« (Psalm 77,8-10).

Das natürliche Herz stellt unablässig solche Fragen. Weil wir die Hand Gottes in unseren Angelegenheiten nicht erkennen können, nehmen wir an, Er habe sie und uns aus dem Blick verloren. Wir betrachten den Augenschein statt der Hintergründe. Und dann behaupten wir, Gott ist nicht da, weil wir Ihn nicht sehen! Das fällt uns besonders leicht, wenn wir uns bewußt von Ihm entfernt und Ihn vergessen haben. Wir gehen also von uns selbst aus und kommen zu dem Schluß, Er müsse uns ebenfalls vergessen und verlassen haben. Wir messen die Wirklichkeit anhand des Scheins und halten es für unmöglich, daß Er treu sein kann, wenn wir selbst so untreu sind. Das zeugt weder von Verstand noch von göttlicher Offenbarung. Unsere Gefühle als Prüfstein für Gottes Wirken zu benutzen, ist töricht. Gott ist nicht von unseren ständig wechselnden Gefühlen abhängig! Das würde aus dem allmächtigen, allgegenwärtigen Gott eine hilflose Marionette machen, von den Fäden unserer verschiedenen Gefühle gezogen!

Aus Gottes Wort wissen wir, daß es Gott unmöglich ist, untreu zu sein. Der Gott, den uns die Bibel offenbart, ist ein Gott, der uns unter keinen Umständen verläßt, vergißt oder unsere Interessen aus den Augen verliert. Er ist tatsächlich der liebevolle Hirte, der mit allergrößter Treue

Seinen Hirtendienst versieht. Er verläßt Seine Schafe an dunklen Wolkentagen nicht; Er verläßt sie nicht, wenn der Wolf kommt; in Notzeiten ist Er ihnen besonders nah; Er geht jedem Schaf nach, das sich verlaufen hat, bis Er es wiederfindet. Der Mietling flieht, wenn Gefahr aufzieht, weil er ein Mietling ist, aber der gute Hirte ist den Schafen dann nur noch enger verbunden. Es ist unmöglich, sich einen guten Hirten vorzustellen, der sein Schaf vergißt oder verläßt. Seine erste Pflicht ist es, unter allen Umständen bei ihm zu bleiben und über ihm zu wachen und jeden Augenblick für es zu sorgen. Und der Gott, der uns als solch ein guter Hirte offenbart wird, kann nicht anders als treu Seinen Pflichten nachkommen, wie es auch von einem irdischen Hirten verlangt wird. Seine Fürsorge mag zwar verborgen sein. Das schließt nicht aus, daß alles, was uns begegnet, dem guten Plan dienen muß, den Er mit uns hat. Der Schein trügt: Gott hat uns nicht vergessen. Unserem Gott, der uns im Angesicht Jesu Christi offenbart wurde, ist so etwas nicht möglich.

> »Zion sagt: Verlassen hat mich der HERR, der Herr hat mich vergessen. Vergißt etwa eine Frau ihren Säugling, daß sie sich nicht erbarme über den Sohn ihres Leibes? Sollten selbst diese vergessen, ich werde dich niemals vergessen. Siehe, in meine beiden Handflächen habe ich dich eingezeichnet. Deine Mauern sind beständig vor mir« (Jesaja 49,14-16).

So antwortet Gott auf den Schrei des Herzens, das meint, Gott habe es verlassen! »Vergißt etwa eine Frau ihren Säugling?« Unmöglich, sagen wir. Eine Frau könnte das wohl tun. Aber der Herr nie. Um das zu bekräftigen, sagt Gott, Er habe uns auf Seine Handflächen eingezeichnet, wo Er uns dauernd vor Augen hat. Trotz vieler solcher Zusagen Gottes, erlauben sich sogar Christen, daran zu zweifeln!

Ein Bekannter von mir war in tiefer Verzweiflung. Er war überzeugt, Gott habe ihn verlassen. Im Ausland war er ohne sein Verschulden in Schwierigkeiten gekommen. Dabei hatte er diese Angelegenheit Gott ganz konkret anvertraut. Er konnte nicht verstehen, wie so etwas geschehen konnte. Seine einzige Schlußfolgerung war, Gott habe ihn verlassen. Er schüttete seine ganze Qual einem Freund aus und fragte ihn verzweifelt, ob es noch Hilfe für ihn gebe. Sein Freund kannte Gott. Er war sicher, daß Gott immer gegenwärtig ist und für die Seinen zu allen Zeiten sorgt, ob Er verborgen scheint oder nicht. Er fragte seinen verzweifelten Freund:»Glaubst du an die Bibel, lieber Bruder?« »An die Bibel glauben?« antwortete der Leidgeprüfte. »Natürlich tue ich das; was hat das mit dieser Sache zu tun?«

»Alles«, erklärte sein Freund, »denn die Bibel sagt, der Herr verläßt uns nie, und Er ist überall gegenwärtig. Glaubst du, daß Gott in Australien war, als diese Dinge geschahen?«

»Das muß Er wohl«, gab der Mann zögernd zu. Der Freund fuhr fort: »Du sagst, daß du diese Sache in Seine Hand gegeben hast und du gibst zu, daß Er zu jener Zeit in Australien gegenwärtig war. Nun frage ich dich: Hat sich der Herr um die Angelegenheit gekümmert oder nicht?« Keine Antwort. Nach langem Schweigen fragte der Freund wieder: »Du sagtest, Gott sei in Australien gewesen. Und du hast Ihm diese Sache anvertraut. Ich frage noch einmal in Seiner Gegenwart: hat Er sich darum gekümmert oder nicht?«

»Ach so!« meinte der Mann mit plötzlicher Eingebung des Glaubens. »Jetzt verstehe ich. Gott war gegenwärtig, und Er hat sich um die Sache gekümmert. Es muß also alles in Ordnung sein, auch wenn ich es nicht verstehe. Der Wille Gottes geschehe! Ich kann Ihm auch darin vertrauen und kann glauben, daß trotz aller äußeren Widerwärtigkeiten alles zu meinem Besten geschieht.«

»Durch Glauben verließ er Ägypten und fürchtete die Wut des Königs nicht; denn er hielt standhaft aus, als sähe er den Unsichtbaren« (Hebräer 11,27).

Es kommt darauf an, Ihn zu sehen, auch wenn Er unsichtbar ist. Alles hängt davon ab. Der verzweifelte Mensch rechnet nicht mit der Gegenwart Gottes. Der reife Christ ist stets darauf bedacht, den verborgenen Gott in allen Dingen zu erkennen. Denn Gott selbst hat gesagt: »Ich will nicht von dir weichen, noch dich verlassen.« Wir müssen Ihm glauben und fest auf Seine Gegenwart und Fürsorge bauen.

> »Aber jetzt, so spricht der HERR, der dich geschaffen, Jakob, und der dich gebildet hat, Israel: Fürchte dich nicht, denn ich habe dich erlöst! Ich habe dich bei deinem Namen gerufen, du bist mein. Wenn du durchs Wasser gehst, ich bin bei dir, und durch Ströme, sie werden dich nicht überfluten. Wenn du durchs Feuer gehst, wirst du nicht versengt werden, und die Flamme wird dich nicht verbrennen.
> Denn ich bin der HERR; dein Gott, ich, der Heilige Israels, dein Retter. Ich gebe Ägypten als Lösegeld für dich, Kusch und Seba an deiner Stelle« (Jesaja 43,1-3).

Wir können darauf bauen, daß Er uns in Zeiten der Not ganz besonders nahe ist. Was würden wir von einer Mutter halten, die ihre Kinder gerade in Zeiten der Not verläßt? Wie kommen dann die Kinder Gottes dazu, so etwas von Gott zu erwarten?

> »Und ich will die Blinden auf einem Weg gehen lassen, den sie nicht kennen, auf Pfaden, die sie nicht kennen, will ich sie schreiten lassen. Die Finsternis vor ihnen will ich zum Licht machen und das Holpe-

rige zur Ebene. Das sind die Dinge, die ich tun und von denen ich nicht ablassen werde« (Jesaja 42,16). Er wacht selbst über uns, wenn wir blind und Seiner Gegenwart ungewiß sind.

Die Geschichte eines Freundes veranschaulicht das. Eine sehr schwächliche ältere Dame mußte sich allein auf eine lange und schwierige Reise begeben. Sie hatte viel Gepäck und wenig Geld. Sie war sehr zurückhaltend und sprach mit niemand über die Gefahren und Schwierigkeiten der Reise. Sie war zu stolz, um sich von jemanden helfen zu lassen. Ihre Freunde waren ratlos, wie sie ihr helfen sollten. Ein junger Mann hörte davon und erklärte, er müsse geschäftlich eine Reise zur gleichen Zeit unternehmen. Er sagte der alten Dame nichts von seinem Plan, ihr zu helfen und für sie zu sorgen. Er wußte, ihr Stolz würde seine Hilfe ablehnen. Er stimmte alles im geheimen mit ihren Plänen ab. Am Abreisetag ließ er sein Gepäck abholen und sich selbst zum Zug fahren. Ganz nebenbei sagte er zur alten Dame: »Lassen Sie doch Ihr Gepäck mit meinem hinbringen. Wir nehmen ja denselben Zug. Begleiten Sie mich doch im Taxi, es ist ja derselbe Weg.« Es sah alles so natürlich aus, daß die alte Dame nie geträumt hätte, daß das zu ihrer Hilfe geplant war. Sie nahm sein Angebot so natürlich an, wie er es gemacht hatte. So war ihr der mühsame Gang zum Zug erspart geblieben.

Im Zug setzte sich der junge Mann in ihre Nähe und machte es ihr bequem. Wenn er meinte, sie brauche etwas zu essen, bestellte er etwas für sich und bat sie, doch mit ihm zu essen. Beim Umsteigen sagte er ganz nebenbei: »Ich kann mich um Ihr Gepäck kümmern, zusammen mit meinem.« Kurz, er sorgte für sie wie ein liebevoller Sohn, bis sie sicher an ihrem Ziel angekommen war. Sie hatte nicht den geringsten Verdacht geschöpft, sondern schrieb dies alles einem glücklichen Zufall zu. Nicht einen Augenblick kam ihr der Gedanke, die Fürsorge und die Annehmlichkeiten der Reise wären liebevoll geplant gewesen.

»Hört auf mich, Haus Jakob und der ganze Überrest des Hauses Israel, die ihr von Mutterleib an mir aufgeladen, von Mutterschoß an von mir getragen worden seid. Auch bis in euer Greisenalter bin ich derselbe, und bis zu eurem grauen Haar werde ich selbst euch tragen. Ich, ich habe es getan, und ich selbst werde heben, und ich selbst werde tragen und werde erretten« (Jesaja 46,3-4).

»Herr, du hast mich erforscht und erkannt. Du kennst mein Sitzen und mein Aufstehen, du verstehst mein Trachten von fern. Mein Wandeln und mein Lieben – du prüfst es. Mit allen meinen Wegen bist du vertraut. Denn das Wort ist noch nicht auf meiner Zunge – siehe, HERR, du weißt es genau. Von hinten und von vorn hast du mich umschlossen, du hast deine Hand auf mich gelegt« (Psalm 139,1-5).

Unser ganzes Leben lang hat Gott für uns gesorgt, aber wie wenig haben wir Seine Fürsorge anerkannt und Ihm gedankt! Hätte die alte Dame erfahren, was sie ihrem jungen Freund verdankte, sie hätte sich geschämt, daß sie seine Dienste so selbstverständlich angenommen hatte. Wird es uns eines Tages auch so gehen, wenn wir feststellen, was unser verborgener Gott für uns getan hat?

»Du hast in deinen großen Erbarmungen sie doch nicht in der Wüste verlassen. Die Wolkensäule wich nicht von ihnen bei Tag, um sie auf dem Weg zu leiten, noch die Feuersäule bei Nacht, um ihnen den Weg zu erleuchten, auf dem sie ziehen sollten« (Nehemia 9,19).

»Denn nicht verwitwet ist Israel noch Juda von

seinem Gott, von dem HERRN der Heerscharen; denn deren Land ist voll Schuld wegen des Heiligen Israels« (Jeremia 51,5).

Obwohl Israel voller Sünde war, wurde es von Gott nicht verlassen. In den Zeiten seines Rückfalls war Er genauso bei ihnen. Obwohl Er sich der Härte ihrer Herzen wegen nicht offenbaren konnte, blieb Er doch ihr verborgener fürsorglicher Gott und Beschützer.

Das Buch Esther zeigt uns diese Eigenschaft Gottes ebenso. Der Name Esther bedeutet geheim oder verborgen, und das ganze Buch spricht über die verborgene Gegenwart Gottes mitten unter Seinem Volk zu einer Zeit, als es so tief in Sünde gefallen war, daß es Ihn in seiner Blindheit nicht mehr erkennen konnte. Gott wird kein einziges Mal in diesem Buch erwähnt, und doch wird Seine überwältigende Fürsorge und Führung in den geschilderten Ereignissen deutlich. Israel schien Gott vergessen und aus der Erinnerung verbannt zu haben. Zweifellos waren diese Menschen der Meinung, Er habe sie vergessen. Doch trotz ihrer Gleichgültigkeit hielt Gott sich an Seinen Zusagen. Er rettete sie in der Zeit ihrer Not durch eine Reihe von scheinbar natürlichen Ereignissen und einigen höchst ungewöhnlichen Geschehnissen. Die Glieder in dieser Kette bestanden aus einem betrunkenen König, einer eigenwilligen Frau, einer schlaflosen Nacht, einem eingebildeten Diener und einem hinterlistigen Feind. Mit ihrer Hilfe führte Gott Seinen Plan aus. Er hat sich nicht geändert. Immer noch wacht Er über Sein Volk. Selbst dann, wenn wir Ihn wegen unserer eigenen Sünde und Untreue nicht mehr erkennen können. Er verläßt uns nie. Er wirkt weiter im Verborgenen.

Es scheint mir eine furchtbare Anklage gegen Gott zu sein, wenn wir sagen, Er habe uns verlassen. Tatsache ist, daß Er uns so wenig verlassen kann, wie eine liebende Mutter ihr Kind. Ich erinnere mich an einen Theologen, der mit mir über dieses Thema sprach. Er behauptete, es gebe Dinge, die selbst eine Mutter veranlassen würde, ihr Kind zu verlassen. Ich spüre noch heute, wie Zorn und Mutterliebe in mir hochkamen. Mein Herz war in Aufruhr. Und wenn schon einer menschlichen Mutter wie mir so zumute sein kann, wieviel mehr unserem himmlischen Vater, der das Herz der Mutter in mir geschaffen und sich selbst als Gott der Liebe bezeichnet hat!

»Und Jesus trat zu ihnen und redete mit ihnen und sprach: Mir ist alle Macht gegeben im Himmel und auf Erden. Geht nun hin und macht alle Nationen zu Jüngern, indem ihr diese tauft auf den Namen des Vaters und des Sohnes und des Heiligen Geistes, und sie lehrt alles zu bewahren, was ich euch geboten habe! Und siehe, ich bin bei euch alle Tage bis zur Vollendung des Zeitalters« (Matthäus 28,18-20).

»Habe ich dir nicht geboten: Sei stark und mutig? Erschrick nicht und fürchte dich nicht! Denn mit dir ist der HERR, dein Gott, wo immer du gehst« (Josua 1,9).

Die Bibel gibt uns viele solcher Zusagen. Ich kann wirklich nicht begreifen, wie ein Kind Gottes es wagen kann, zu denken, Gott habe es verlassen. So etwas ist einfach unmöglich. Nein, solche Gedanken dürfen wir überhaupt nicht zulassen.

Die Geschichte von Josef gibt uns wunderbare Beispiele vom verborgenen Wirken Gottes. Es sah aus, als ob Gott Josef verstoßen hätte. Eine lange Reihe von Schicksalsschlägen kam über ihn, die mit der Grausamkeit seiner Brüder begann und in einer Gefängniszelle endete. Hier hatte offensichtlich die Bosheit und Schlechtigkeit der Menschen den Sieg davongetragen. Als Josef später seine reumütigen Brüder tröstete, konnte er sagen: »Und nun seid nicht bekümmert, und werdet nicht zornig auf euch selbst, daß ihr mich hierher verkauft habt! Denn zur Erhaltung des Lebens hat Gott mich vor euch hergesandt« (1.Mose 45,5). Und: »Ihr zwar, ihr hattet Böses gegen mich beabsichtigt; Gott aber hatte beabsichtigt, es zum Guten zu wenden, damit er tue, wie es an diesem Tag ist, ein großes Volk am Leben zu erhalten« (1. Mose 50,20). Auch der Psalmist, der später die Geschichte Israels zusammenfaßte, sagte über diese Ereignisse: »Er sandte einen Mann vor ihnen her: Josef wurde als Knecht verkauft« (Psalm 105,17). An jenen Orten, wo Josef am verlassensten schien, wie im Haus der Sklaven und im Gefängnis der Ungnade, war Gott auf besondere Weise mit ihm und segnete ihn (1. Mose 39).

Josef hätte wirklich denken können, Gott habe ihn verlassen. Sein Glaube scheint jedoch nie gewankt zu haben. In seinem Herzen gab es keinen Zweifel.

Bei Israel war die Sache anders.

> »Warum sagst du, Jakob, und sprichst du, Israel: Mein Weg ist verborgen vor dem HERRN, und meinem Gott entgeht mein Recht? Hast du es nicht erkannt, oder hast du es nicht gehört? Ein ewiger Gott ist der HERR, der Schöpfer der Enden der Erde. Er ermüdet nicht und ermattet nicht, unergründlich ist seine Einsicht. Er gibt dem Müden Kraft und dem Ohnmächtigen mehrt er die Stärke« (Jesaja 40,27-29).

Wenn wir mit Israel sagen: »Mein Weg ist verborgen vor dem HERRN«, dann nur, weil wir Gott nicht kennen. Sobald Er uns verborgen ist, sprechen wir Ihm Seine Gegenwart ab. Wir sehen Ihn nicht und meinen, Er sieht uns nicht. Wir sind wie das fiebrige Kind, das die Mutter nicht sehen kann, weil sie es zärtlich im Arm hält, und das verzweifelt ruft: »Komm, Mutter, komm!« So rufen wir im Fieber unseres Unglaubens: »Wie lange willst du mich vergessen, Herr? Für immer? Wie lange willst du dein Angesicht vor mir verbergen?« Und die ganze Zeit hatte Er uns im Arm und Seine Liebe umgab uns.

> »Und spräche ich: Nur Finsternis möge mich verbergen und Nacht sei das Licht um mich her: Auch Finsternis würde vor dir nicht verfinstern, und die Nacht würde leuchten wie der Tag, die Finsternis wäre wie das Licht« (Psalm 139,11-12).

Gott mag vor uns verborgen sein, aber wir sind es nie vor Ihm. Ein Ereignis im Leben Elisas zeigt uns das. Der König von Syrien kämpfte gegen Israel. Da seine Pläne immer wieder durch Elisa vereitelt wurden, entschloß er sich, Elisa gefangenzunehmen. Er schickte sein Heer und ließ die Stadt des Propheten umstellen. Lassen wir die Bibel weitererzählen:

> »Und als der Diener des Mannes Gottes früh aufstand und hinausging, siehe, da umringte ein Heer die Stadt, und Pferde und Kriegswagen. Und sein Diener sagte zu ihm: Ach, mein Herr! Was sollen wir tun? Er aber sagte: Fürchte dich nicht! Denn zahlreicher sind die, die bei uns sind, als die, die bei ihnen sind. Und Elisa betete und sagte: HERR, öffne doch seine Augen, daß er sieht! Da öffnete der HERR die Augen des Dieners, und er sah. Und siehe, der Berg war voll von feurigen Pferden und Kriegswagen um Elisa herum« (2.Könige 6,15-17).

Wenn unsere Augen geöffnet würden, wie die Augen dieses Dieners, würden wir ebenfalls sehen, wie in Zeiten der Prüfung und der Gefahr die Berge um uns herum voller Pferde und Kriegswagen Gottes sind.

> »Und siehe, zwei von ihnen gingen an diesem Tag nach einem Dorf mit Namen Emmaus, sechzig

Stadien von Jerusalem entfernt. Und sie unterhielten sich miteinander über dies alles, was sich zugetragen hatte. Und es geschah, während sie sich unterhielten und miteinander überlegten, daß Jesus selbst nahte und mit ihnen ging; aber ihre Augen wurden gehalten, so daß sie ihn nicht erkannten« (Lukas 24,13-15).

Oft geht der Herr mit Seinen Leuten, wie Er mit den beiden Jüngern nach Emmaus ging. Und sie erkennen Ihn nicht. Unsere Augen müssen geöffnet werden, damit wir Ihn sehen können. Die Jünger sahen Ihn mit ihren leiblichen Augen. Wir sollen Ihn mit unseren geistlichen Augen sehen. Unser Sehen geschieht durch Glauben. Der Glaube ist das Auge der Seele. Das Wort »sehen« wird nicht nur im Zusammenhang mit den Augen gebraucht, durch die wir materielle Dinge erkennen, sondern auch in bezug auf geistiges Erkennen. Wir sagen zum Beispiel von einem mathematischen Problem: »Ich sehe die Lösung.« Damit meinen wir, daß wir geistig erkennen, ob eine Gleichung stimmt. So sollen wir mit dem inneren Auge der Erkenntnis den verborgenen Gott sehen. Auch wenn Er vor unseren leiblichen Augen verborgen ist, können wir im Glauben erkennen, daß Er bei uns ist, über uns wacht und für uns sorgt. In diesem Glauben werden wir »mit unaussprechlicher und verherrlichter Freude frohlocken!«

»Den ihr liebt, obgleich ihr ihn nicht gesehen habt; an den ihr glaubt, obgleich ihr ihn jetzt nicht seht, über den ihr mit unaussprechlicher und verherrlichter Freude frohlockt; und so erlangt ihr das Ziel des Glaubens: die Errettung der Seelen« (1. Petrus 1,8-9).

Kapitel 11

Alles oder nichts

»Nichts habend, und doch alles besitzend« (2.Korinther 6,10b).

Der Apostel Paulus gibt uns dieses Paradox als Grundprinzip des christlichen Lebens: nichts habend, und doch alles besitzend. Dieser Satz wendet sich mit Macht gegen das gewöhnliche Leben vieler Christen. Sie streben nicht nach Besitzlosigkeit. Im Gegenteil, sie sind bestrebt, sich so viel wie möglich anzueignen. Sie verschwenden ihre ganze Kraft darauf: sie wollen bestimmte Erlebnisse haben; manche wünschen sich Ekstasen und Visionen; andere versuchen, sich mit theologischem Wissen zu bereichern; manche listen alle ihre guten Werke und erzielten Erfolge auf; andere wollen persönliche Offenbarungen oder streben nach besonderen Gaben. Kurz, fast alle versuchen, sich irgendeinen Besitz anzueignen, der bei Gott Eindruck machen soll. So wollen sie sich Seiner Liebe und Fürsorge versichern. Was hat Paulus eigentlich mit diesen Worten gemeint: »Nichts habend, und doch alles besitzend«? Heißt das etwa, Gott will uns völlig arm und besitzlos haben, damit wir total von Ihm abhängig sind? Jawohl. Gott will, daß wir außer Ihm nichts besitzen.

> »Und der HERR sprach zu Aaron: In ihrem Land sollst du nichts erben und sollst keinen Anteil in ihrer Mitte haben; ich bin dein Anteil und dein Erbe inmitten der Söhne Israel« (4. Mose 18,20).

»Aber dem Stamm Levi gab Mose kein Erbteil. Der HERR, der Gott Israels, er ist ihr Erbteil, wie er ihnen zugesagt hat« (Josua 13,33).

»Ich bin dein Erbteil.« Was für eine erstaunliche Aussage! Kein Wunder, daß die Leviten auch ohne Besitz zufrieden waren. Sie hatten nichts, aber sie besaßen in Wahrheit alles, weil Gott ihr Besitz war. Für uns ist es nicht so leicht, wie für die Leviten damals, dies als Privileg zu erkennen. Abgesehen von Christus haben wir nichts, was Motten und Rost nicht fressen und Diebe nicht stehlen könnten. Aber wenn Gott uns gehört, gehört uns alles, was Ihm gehört. Dann haben wir ausgesorgt. »Er, der doch seinen eigenen Sohn nicht verschont, sondern ihn für uns alle hingegeben hat: wie wird er uns mit ihm nicht auch alles schenken?« (Römer 8,32). »Gepriesen sei der Gott und Vater unseres Herrn Jesus Christus! Er hat uns gesegnet mit jeder geistlichen Segnung in der Himmelswelt in Christus« (Epheser 1,3).

In Christus ist uns alles gratis geschenkt worden. Es kann aber sein, daß wir unseren Besitz noch gar nicht entgegengenommen haben. Mit vollen Händen ist das auch nicht möglich. Nur leere Hände können ein Geschenk annehmen, nur leere Gefäße können gefüllt werden, und nur ein Herz, das nichts eigenes besitzt, kann »alles« von Gott empfangen. Wenn Christen zum Beispiel zu sehr mit ihren übernatürlichen Erfahrungen beschäftigt sind, haben sie kein Bedürfnis, in Gott allein zu ruhen. Darum muß Gott ihnen von Zeit zu Zeit solche Dinge nehmen. Dann läßt ihr Eifer nach, ihre Gefühle erkalten, ihre Erfahrungen bekommen einen bitteren Geschmack, ihre Gedanken werden verwirrt, Offenbarungen bleiben aus. So kommen sie endlich an den Punkt, an dem sie aus sich selbst nichts mehr haben. Das treibt sie endlich in Seine Arme, wo sie zur Ruhe kommen im »Alles« Gottes. Das erklärt, weshalb so viele Kinder Gottes durch diese Erfahrungen gehen müssen. Würden sie begreifen, worum es geht, sie würden Gott danken, daß Er sie immer wieder von diesen Dingen enteignet. Er tut es ja aus Liebe, damit sie in Ihm alles besitzen können. Nichts habend, werden sie schließlich alles besitzen.

Die Bibel mahnt, daß wir uns nicht der eigenen Weisheit, Macht und Habe rühmen sollen, sondern: »wer sich rühmt, rühme sich dessen: Einsicht zu haben und mich zu erkennen, daß ich der HERR bin« (Jeremia 9,23a).

Wer von uns kann wirklich sagen, daß er sich keines Besitzes mehr rühmt? Dazu müssen wir erst enteignet werden. Die menschliche Natur kann gar nicht anders, sie rühmt sich, solange sie irgend etwas besitzt. Solange ein Christ sich weise, stark oder reich in geistlichen Dingen vorkommt, rühmt er sich fast immer seiner Weisheit, seiner Kraft oder seines geistlichen Reichtums. Erst wenn ihm diese Dinge genommen werden, ist er genötigt, sich im Herrn zu rühmen, aus dem einfachen Grund, weil es sonst nichts gibt.

> »Auf, ihr Durstigen, alle, kommt zum Wasser! Und die ihr kein Geld habt, kommt, kauft und eßt! Ja, kommt, kauft ohne Geld und ohne Kaufpreis Wein und Milch!
> Warum wiegt ihr Geld ab für das, was kein Brot ist, und euren Verdienst für das, was nicht sättigt? Hört doch auf mich, und eßt das Gute, und eure Seele labe sich am Fetten!« (Jesaja 55,1-2).

Hier wird scharf unterschieden zwischen den Dingen Gottes und unseren Dingen. Uns gehört, »was kein Brot ist« und »was nicht sättigt.« Weil es irdische Dinge sind, können sie den Geist nicht sättigen, der vom Himmel ist. »Wirket nicht für die Speise, die vergeht, sondern für die Speise, die da bleibt ins ewige Leben, die der Sohn des

Menschen euch geben wird; denn diesen hat der Vater, Gott, beglaubigt« (Johannes 6,27).

Alles, was verderblich ist, gehört in den Bereich des Irdischen. Erfahrungen, Gefühle, Ansichten, Lehren sind vergänglich. Der Apostel sagt, daß die Prophetie ein Ende hat, Zungenreden und Erkenntnis aufhören. Keines dieser vergänglichen Dinge, ganz gleich, wie gut sie sein mögen, kann einen unvergänglichen Geist befriedigen. Solange wir uns um vergängliche Dinge mühen und an ihnen festhalten, haben wir weder Bedürfnis noch Raum für die Speise, die da bleibt ins ewige Leben.

Natürlich braucht die Seele auch Erfahrungen, Ansichten, Lehren, Erkenntnisse und Kraft. Paulus hatte sie ebenfalls in hohem Maß, mehr als irgendein anderer. Und doch konnte er sagen, er habe »nichts«, nämlich abgesehen von Christus. Aber in Christus hatte er alles. Christus war seine Kraft, seine Weisheit, seine Gerechtigkeit. Aus sich selbst hatte er gar nichts. Ist das schwer zu verstehen? Mir hat zum Verständnis der Vergleich mit dem Dampf geholfen, der eine Maschine in Gang setzt. Die Maschine hat keine Kraft aus sich selbst; all ihre Kraft kommt vom Dampf, der in ihr und durch sie wirkt. Könnte die Maschine sprechen, würde sie wohl ähnlich wie Paulus sagen: »Nichts habend und doch alles besitzend.«

> »Denn Gott ist es, der in euch wirkt sowohl das Wollen als auch das Wirken zu seinem Wohlgefallen« (Philipper 2,13).

> »Das Törichte der Welt hat Gott auserwählt, damit er die Weisen zuschanden mache; und das Schwache der Welt hat Gott auserwählt, damit er das Starke zuschanden mache. Und das Unedle der Welt und das Verachtete hat Gott auserwählt, das, was nicht ist, damit er das, was ist, zunichte mache, daß sich vor

Gott kein Fleisch rühme. Aus ihm aber kommt es, daß ihr in Christus Jesus seid, der uns geworden ist Weisheit von Gott und Gerechtigkeit und Heiligkeit und Erlösung; damit, wie geschrieben steht: Wer sich rühmt, der rühme sich des Herrn!« (2.Korinther 1,27-31).

Wenn Christus uns zur Weisheit, Gerechtigkeit und Heiligkeit werden soll, müssen wir unsere eigenen Vorstellungen davon ablegen. Wenn ich also gerecht sein will, darf ich nicht versuchen, mir Gerechtigkeit zuzulegen. Ich kann nur meinen augenblicklichen Bedarf vom Herrn empfangen. Ich erinnere mich noch gut an eine Situation, für die ich sehr viel Geduld brauchte. Um mich darauf vorzubereiten, wollte ich lange Zeit dafür beten, um genug auf Lager zu haben. Ich erwartete wohl so etwas wie ein Paket, auf dem »Geduld« geschrieben stand und das an mein Herz adressiert war. Eines Abends nahm ich mir vor, die ganze Nacht über um eine große Menge Geduld zu beten, als mir plötzlich der Vers einfiel: »Der uns geworden ist Weisheit von Gott und Gerechtigkeit und Heiligkeit und Erlösung.«

»Und Geduld!« setzte ich aus einer plötzlichen Eingebung hinzu. Ich brauchte mir keinen Vorrat an Geduld anlegen. Alle Geduld, die ich nötig hatte, war in Christus, und ich konnte von Ihm nehmen, was ich jeden Augenblick brauchte. Ich erhob mich von meinen Knien und dankte dem Herrn für den unbegrenzten Vorrat an Geduld, den ich in Christus zur Verfügung hatte. Von da an wußte ich, daß ich Gnade in jeder Form (auch der Geduld) in Christus hatte, um jeder Situation gerecht zu werden.

Wenn wir wirklich »alles« in Gott haben, ist es doch eigentlich sehr dumm von uns, wenn wir uns an unsere armseligen, nichtsnutzigen Dinge klammern. Diese Überlegung hat sicher auch Paulus dazu veranlaßt, alles als Verlust zu betrachten im Vergleich zur überragenden Erkenntnis Christi.

> »Aber was auch immer mir Gewinn war, das habe ich um Christi willen für Verlust geachtet; ja wirklich, ich achte auch alles für Verlust um der unübertrefflichen Größe der Erkenntnis Christi Jesu, meines Herrn, willen, um dessentwillen ich alles eingebüßt habe und es für Dreck achte, damit ich Christus gewinne« (Philipper 3,7-8).

Der Verlust aller Dinge bedeutete für Paulus Gewinn aller Dinge. Das Adlerjunge, das aus dem Nest geworfen wird, gewinnt den Himmel als Heimat. Wenn ich meine eigene Kraft aufgebe, gewinne ich Gottes Kraft. Für meine Weisheit bekomme ich Gottes Weisheit. Mein eigenes Leben verlieren, bedeutet göttliches Leben gewinnen. Wer würde da nicht tauschen wollen? »Da ist einer, der sich reich stellt, und hat gar nichts, und einer, der sich arm stellt, und hat doch viel Besitz«.

Gehören wir zu den reichen Armen oder zu den armen Reichen? Bilden wir uns ein, reich zu sein, oder sind wir gerne arm? Ich hatte eine Freundin, die oft über Gottes sogenannte »Demaskierung« sprach. Sie gehörte zu jenen, die sich immer wieder an Erfahrungen und Segnungen zu bereichern suchen. Sie konnte nicht verstehen, daß ihr der Herr diese Dinge immer wieder nahm.

Manche von uns haben auch schon diese Erfahrung in der Demaskierung Gottes gemacht. Wir wissen, was da geschieht. Beim ersten Mal waren wir vielleicht ängstlich und verwirrt. Aber wenn wir es richtig betrachten, dürfen wir uns über jede Demaskierung durch Gott freuen, weil sie uns von unseren eigenen Habseligkeiten befreit und in den Zustand versetzt, wo wir nichts aus uns selbst haben, damit wir in Gott alles besitzen können. »Und darin soll ihr Erbteil bestehen: Ich bin ihr Erbteil;

und ihr sollt ihnen keinen Grundbesitz in Israel geben: ich bin ihr Grundbesitz« (Hesekiel 44,28).

»So kann nun keiner von euch, der nicht allem entsagt, was er hat, mein Jünger sein« (Lukas 44,33).

»Da antwortete Petrus und sprach zu ihm: Siehe, wir haben alles verlassen und sind dir nachgefolgt. Was wird uns nun werden? Jesus aber sprach zu ihnen: Wahrlich, ich sage euch: Ihr, die ihr mir nachgefolgt seid, auch ihr werdet in der Wiedergeburt, wenn der Sohn des Menschen auf seinem Thron der Herrlichkeit sitzen wird, auf zwölf Thronen sitzen und die zwölf Stämme Israels richten. Und ein jeder, der Häuser oder Brüder oder Schwestern oder Vater oder Mutter oder Frau oder Kinder oder Äcker um meines Namens willen verlassen hat, wird hundertfach empfangen und ewiges Leben erben« (Matthäus 19,27-29).

Aller äußerlicher und innerlicher Besitz muß abgestreift werden, wenn wir das Hundertfache von Gott erhalten wollen. Nicht wörtlich, daß man alles weggibt, sondern daß man alles nur im und vom Herrn hat. Eigentlich weiß ja nur Gott, wie alles richtig zu handhaben ist. Er ist der einzige, der das kann. Um wirklich sicher zu gehen, muß alles in Seine Hände kommen. In meinen Händen ist alles höchst unsicher. Ich besitze nichts so sicher, als wenn es in Gottes Hand und unter Seiner Kontrolle ist. Mein Geld ist nirgends so sicher, als wenn es aus meinen unsicheren Taschen in die sichere Obhut einer seriösen Bank kommt. Dasselbe gilt für meinen Besitz, wenn ich ihn herausrücke und ganz Gott anvertraue. Das hört sich vielleicht fromm an, ist aber gewiß die klügste Handlungsweise.

»Daher, wenn jemand in Christus ist, so ist er eine neue Schöpfung; das Alte ist vergangen, siehe, Neues ist geworden. Alles aber von Gott, der uns mit sich selbst versöhnt hat durch Christus und uns den Dienst der Versöhnung gegeben hat« (2.Korinther 5,17-18).

Das vergangene Alte, von dem hier gesprochen wird, ist alles, was zum alten Menschen bzw. zum fleischlichen Leben gehört: die alten Werke des Fleisches; die alten Bemühungen, in religiösem Eifer sich selbst ein Denkmal zu schaffen, das uns Gott wohlgefällig macht; die alte Art, sich auf verschiedene religiöse Übungen, Gebote und Pflichten zu verlassen, um göttliches Leben in der Seele zu zeugen und zu nähren. Wer ins Auferstehungsleben hineingeboren ist, muß begreifen, daß ihm solche Dinge nichts nützen. Hier muß alles von Gott sein. Fleischliches muß verschwinden, um Göttlichem Platz zu machen.

»Wenn ihr mit Christus den Elementen der Welt gestorben seid, was unterwerft ihr euch Satzungen, als lebtet ihr noch in der Welt? Berühre nicht, koste nicht, betaste nicht! Dinge, die alle zur Zerstörung durch den Gebrauch bestimmt sind nach den Geboten und Lehren der Menschen, die zwar einen Schein von Weisheit haben in eigenwilligem Gottesdienst und in Demut und im Nichtverschonen des Leibes, also nicht in einer gewissen Wertschätzung, sondern zur Befriedigung des Fleisches. Wenn ihr nun mit dem Christus auferweckt worden seid, so sucht, was droben ist, nicht das, was auf der Erde ist; denn ihr seid gestorben, und euer Leben ist verborgen mit dem Christus in Gott« (Kolosser 2,20-23;3,1-3).

Unsere Gefühle, unsere Erfahrungen, unsere Andachten, scheinen oft einen »Schein von Weisheit« zu haben. Es fällt uns schwer, sie als nichtsnutzig zu betrachten und zuzugeben, daß wir nichts anzubieten haben, wenn wir doch so viel zu haben scheinen. Aber was der Apostel als

»primitive Dinge der Welt« bezeichnet, das heißt, was vom Fleisch gewirkt ist, muß aus Gottes Sicht immer ein Nichts sein. Sobald wir gelernt haben, die Dinge mit Seinen Augen zu sehen, werden sie auch in unseren Augen nichts. Tatsachen zählen, nicht der Schein. Und Tatsache ist, daß unser eigener Besitz wahrhaftig ein Nichts ist. Das Wort des Apostels beschreibt auch uns: »nichts habend«. »Denn wir haben nichts in die Welt hereingebracht, so daß wir auch nichts hinausbringen können« (1.Timotheus 6,7).

Ob wir auch mit dem Apostel fortfahren können, daß wir doch alles besitzen, hängt davon ab, ob wir Gottes Wort glauben, daß alle Dinge in Christus unser sind. Und zwar in diesem Augenblick, nicht in der Zukunft.

> »Da seine göttliche Kraft uns alles zum Leben und zur Gottseligkeit geschenkt hat durch die Erkenntnis dessen, der uns berufen hat durch seine eigene Herrlichkeit und Tugend« (2.Petrus 1,3).
>
> »So rühme sich denn niemand im Blick auf Menschen, denn alles ist euer. Es sei Paulus oder Apollos oder Kephas, es sei Welt oder Leben oder Tod, es sei Gegenwärtiges oder Zukünftiges: alles ist euer, ihr aber seid Christi, Christus aber ist Gottes« (1.Korinther 3,21-23).

Herr, ich bitte dich, nimm mir alle Masken
von der Seele kraft deines Geistes.
Dann kleide mich neu nach deinem Wohlgefallen.
Nimm mir meine Lumpen und kleide mich in Gold.
Wer wollte nicht Armut für Reichtum geben?
Wer wollte nicht seine Hütte für einen Schatz
verkaufen?
Wer möchte sich an sein Linsengericht klammern,
wenn er ein ewiges Erbe haben kann?

Kapitel 12

Das Kreuz aufnehmen

»Dann sprach Jesus zu seinen Jüngern: Wenn jemand mir nachkommen will, der verleugne sich selbst und nehme sein Kreuz auf und folge mir nach. Denn wenn jemand sein Leben erretten will, wird er es verlieren; wenn aber jemand sein Leben verliert um meinetwillen, wird er es finden« (Matthäus 16,24-25).

Viele Mißverständnisse kursieren in christlichen Kreisen über das Kreuz, das wir aufnehmen sollen. Die meisten Leute verstehen darunter, den Willen Gottes unter großen Schwierigkeiten zu tun; Liebgewordenes aufgeben müssen; oder Unangenehmes tun müssen. Der Ausdruck wird daher oft für einen Gehorsamsakt gebraucht, den wir für den Willen Gottes halten. »Dann muß ich eben mein Kreuz auf mich nehmen.« Und das lange Gesicht und der tiefe Seufzer deuten an, wie schwer dieses Kreuz ist. So hat der Herr das sicher nicht gemeint, als Er sagte: »Wenn jemand mir nachkommen will, der verleugne sich selbst und nehme sein Kreuz auf und folge mir nach.« Ich kann mir nicht vorstellen, daß Er den Willen Gottes als hartes Joch und schwere Bürde für ein Kind Gottes bezeichnen wollte. Hat Er nicht genau das Gegenteil gesagt? Mein Joch ist sanft und meine Bürde leicht, sagte Er. Sein Kreuz aufnehmen kann daher nicht heißen, seufzend und schweren Herzens Gottes Willen tun.

In der Schrift bedeutet das Kreuz immer den Tod. »Der Gestalt nach wie ein Mensch erfunden, erniedrigte er sich selbst und wurde gehorsam bis zum Tod, ja, zum Tod am Kreuz« (Philipper 2,8). »Und die beiden in einem Leib mit Gott zu versöhnen durch das Kreuz, durch das er die Feindschaft getötet hat« (Epheser 2,16).

Das Kreuz im Zusammenhang mit Christus bedeutet immer den Tod Christi. Wo Leben erhalten werden soll, hat das Kreuz nichts zu suchen. Das Kreuz ist ein Werkzeug des Todes. Der Tod mag zwar erst nach furchtbaren Leiden eintreten, aber er ist gewiß. In der ganzen Schrift wird dies bestätigt. Das kann jeder nachlesen. Weshalb wir dazu übergegangen sind, dem Kreuz eine andere, mystische Bedeutung zu geben und den Tod auszuklammern, ist schwer zu sagen. So gesehen wird das Kreuz zu einer beständigen Qual, die nie im Tod endet. Jesus sagte zu Seinen Jüngern: Ihr könnt nicht meine Jünger sein, wenn ihr nicht euer Kreuz aufnehmt und mir nachfolgt. Das kann unmöglich bedeuten: Ihr werdet es schwer haben, meinen Willen zu erfüllen. Sondern eher: Ihr sollt mit mir in den Tod und die Auferstehung gehen, indem ihr euren alten Menschen mit mir ans Kreuz schlagen laßt und im neuen Menschen lebt, nämlich im Auferstehungsleben des Geistes.

> »Da wir dies erkennen, daß unser alter Mensch mitgekreuzigt worden ist, damit der Leib der Sünde abgetan sei, daß wir der Sünde nicht mehr dienen« (Römer 6,6).

> »Mir aber sei es fern, mich zu rühmen als nur des Kreuzes unseres Herrn Jesus Christus, durch das mir die Welt gekreuzigt ist und ich der Welt. Denn weder Beschneidung noch Unbeschnittensein gilt etwas, sondern eine neue Schöpfung« (Galater 6,14-15).

Viele meinen, das Christentum habe nur eine Umerziehung anzubieten, wo das Fleisch mit strenger Disziplin und Strafe gezwungen wird, besseres Benehmen zu lernen. Die mönchische Askese erwuchs aus diesem Verständnis. Obwohl der alte, fleischliche Mensch den Willen Gottes weder verstehen noch lieben und deshalb auch nicht tun kann. Vielleicht erwuchs daraus die Meinung, daß das Kreuz den schmerzlichen Kampf des hilflosen alten Menschen versinnbildliche. Das Kreuz meint jedoch den Tod des alten Menschen. Nach dem Tod des Alten schafft Gott das Neue in uns. Dieses Neue hat andere Neigungen und Bedürfnisse, die mit Gott harmonisieren. Der neue Mensch hat Freude am Willen Gottes. Es ist ihm ein Herzensbedürfnis, zu tun, was Gott will. Es geht also überhaupt nicht um den alten Menschen, der geschlagen und gequält werden soll, damit er sich einem Willen unterwirft, den er verabscheut. Es geht vorrangig um den neuen Menschen, »geschaffen in Christus Jesus, um gute Werke zu tun«. Der neue Mensch tut diese Werke mit Leichtigkeit und Freude. Die neue Natur göttlichen Ursprungs befindet sich in völliger Harmonie mit dem göttlichen Willen und kennt keine größere Freude, als ihn auszuführen.

> »Daher, wenn jemand in Christus ist, so ist er eine neue Schöpfung; das Alte ist vergangen, siehe, Neues ist geworden. Alles aber von Gott« (2.Korinther 5,17-18). Siehe auch Epheser 4,22-24.

Das neue Geschöpf hat keinen neuen Leib, sondern einen neuen Geist, ein neues Lebensprinzip. Der neue Mensch lebt aufgrund einer neuen geistlichen Natur: er lebt das Leben Gottes. Er ist »Teilhaber der göttlichen Natur« geworden. Seine alte fleischliche Natur wurde nicht verbessert, sondern eine ganz neue, höhere Natur wurde erschaffen, eine Natur, die zu einer anderen Wesensordnung gehört.

Dieses Leben ist aus Geist geboren, im Gegensatz zum Leben, das aus Fleisch geboren ist.

»Was aus dem Fleisch geboren ist, ist Fleisch, und was aus dem Geist geboren ist, ist Geist« (Johannes 3,6). »So steht auch geschrieben: Der erste Mensch, Adam, wurde zu einer lebendigen Seele, der letzte Adam zu einem lebendig machenden Geist. Aber das Geistliche ist nicht zuerst, sondern das Natürliche, danach das Geistliche. Der erste Mensch ist von der Erde, irdisch; der zweite Mensch vom Himmel. Wie der Irdische, so sind auch die Irdischen; und wie der Himmlische, so sind auch die Himmlischen. Und wie wir das Bild des Irdischen getragen haben, so werden wir auch das Bild des Himmlischen tragen« (1.Korinther 15,45-49).

Was aus Fleisch geboren ist, bleibt immer Fleisch und kann nichts anderes werden, auch nicht mit viel Disziplin. Da bleibt nur eins: ans Kreuz mit ihm! Es soll nicht leben und leiden. Es soll gekreuzigt werden und sterben. Und begraben werden. »Die aber dem Christus Jesus angehören, haben das Fleisch samt den Leidenschaften und Begierden gekreuzigt« (Galater 5,24).

Kreuzigen heißt also töten, nicht qualvoll am Leben erhalten. Gottes Kinder haben dieses Thema so verdreht, daß viele überzeugt sind, sie hätten ihr Ich gekreuzigt, wo sie es statt dessen lediglich auf einen Sockel gesetzt haben, ihm das Leben versauern und es ständig quälen. Das befriedigt sie ungemein. Sie bringen die schmerzlichsten Opfer und nennen es, ihr Kreuz aufnehmen. Dabei dient alles der eigenen Verherrlichung. Sie begreifen nicht, daß das Fleisch total unnütz ist, nur für den Tod geeignet. Sie empfinden eine geheime Freude an der Qual des äußeren Selbst, während das Eigenleben eifrig genährt wird. Das Fleisch eines Menschen will Ehre. Es wehrt sich mit aller Kraft gegen Nichtbeachtung und Tod. In gesetzlichen Religionen hat diese Mentalität eine

Chance. Das erklärt sicher, weshalb es soviel Gesetzlichkeit unter Christen gibt. Aus der Schrift geht jedoch eindeutig hervor, daß der fleischliche Geist weder Gott dienen kann noch in Sein Reich kommen kann, trotz Selbstkasteiung.

> »Denn die, welche nach dem Fleisch sind, sinnen auf das, was des Fleisches ist; die aber, die nach dem Geist sind, auf das, was des Geistes ist. Denn die Gesinnung des Fleisches ist Tod, die Gesinnung des Geistes aber Leben und Frieden; weil die Gesinnung des Fleisches Feindschaft gegen Gott ist, denn sie ist dem Gesetz Gottes nicht untertan, sie kann das auch nicht. Die aber, die im Fleisch sind, können Gott nicht gefallen« (Römer 8,5-8).

Wenn der Apostel sagt, daß die im Fleisch Gott nicht gefallen können, kann er nicht den Leib gemeint haben, denn er spricht ja zu Leuten im Leib. Das Fleisch bedeutet die sündige Natur im Menschen, jener Teil, der als »Gesinnung des Fleisches« bezeichnet wird. Dieser Teil des Menschen muß sterben, damit der neue Mensch bzw. die geistliche Natur geboren werden kann. Wenn eine Raupe zum Schmetterling werden soll, muß das Raupenleben aufhören, damit das Schmetterlingsleben sich entwickeln kann. Die Raupe kann nicht leben wie ein Schmetterling, und das Fleisch kann nicht leben wie der Geist.

In diesem Sinn sagt Paulus, daß er mit Christus gekreuzigt ist.

> »Ich bin mit Christus gekreuzigt, und nicht mehr lebe ich, sondern Christus lebt in mir; was ich aber jetzt im Fleisch lebe, lebe ich im Glauben, und zwar im Glauben an den Sohn Gottes, der mich geliebt und sich selbst für mich hingegeben hat« (Galater 2,20).
>
> »Mir aber sei es fern, mich zu rühmen als nur des

Kreuzes unseres Herrn Jesus Christus, durch das mir die Welt gekreuzigt ist und ich der Welt« (Galater 6,14).

Paulus ist »der Welt gekreuzigt«, das heißt, er ist tot für die Welt. Er sagt nicht, daß er leidet, weil er die Welt aufgeben muß, sondern er ist absolut tot für die Welt. Sie hat keine Anziehungskraft mehr für ihn. Eine Leiche reagiert nicht mehr. Der Welt gestorben sein heißt also, daß sie mich nicht mehr beeinflussen kann. Das meint die Bibel mit Kreuz aufnehmen. Da ist der Mensch so tot für die Welt, daß ihre Verführungskraft unwirksam geworden ist. Da ist er so lebendig für Gott, daß er nach himmlischen Dingen verlangt und der Charme der irdischen Dinge völlig verlorengegangen ist.

Der Mensch beschäftigt sich mit dem, was ihm lieb und teuer ist. Er sinnt darüber nach. Wer seinen Sinn nun völlig auf Gottes Willen gerichtet hat, liebt ihn ebenso wie seinen eigenen. Einem solchen Menschen fällt der Gehorsam nicht schwer. Vielleicht sind ihm die Umstände unangenehm, aber Gottes Wille selbst ist ihm eine Freude. Auch der Herr sprach vom Willen Gottes als Seinem Herzensbedürfnis und Seiner Freude, weil Er allem, was Gottes Willen nicht meinte, gestorben war. Seine Sinne waren ganz auf den Willen Gottes gerichtet. Solange wir diese Gesinnung nicht in uns haben, haben wir unser Kreuz noch nicht aufgenommen.

Stellen wir uns vor, wie sich die Gesinnung eines kleinen Mädchens wandelt, wenn sie zur jungen Frau heranwächst. Als Kind spielt es gern mit Puppen, klettert auf Bäume und backt Kuchen im Sandkasten. Es sitzt nicht gerne still, mag nicht nähen, Hausaufgaben oder Hausarbeit machen. Stillesitzen, Lernen, Hausarbeit wären für das Kind ein Greuel. Die junge Frau sieht das ganz anders. Sie liebt die Dinge, die sie einst verabscheute. Sie interessiert sich nicht mehr für das, was ihr als Kind wichtig war. Sie ist diesen Dingen gestorben. Die Aufgaben einer Frau machen ihr heute mindestens genau soviel Freude, wie das Spielen als Kind.

Als Kind wollte ich nicht erwachsen werden. Ich stellte mir vor, alle Menschen spielten so gerne wie ich, aber ein Gesetz verbot es ihnen nach einem gewissen Alter. Ich hatte großes Mitleid mit allen, die über dieses Alter hinaus waren, und ich fürchtete mich maßlos davor, dieses Alter zu erreichen. Dann würde ich »das Kreuz aufnehmen« müssen, das mich an diesem Punkt erwartete. Viele Christen denken ebenso. Sie würden lieber bei ihrem fleischlichen Spielzeug bleiben, denn für sie bedeutet Christsein, Dinge aufgeben, die man liebt, und Dinge tun, die man haßt. Sie nennen dies »das Kreuz aufnehmen« und meinen tatsächlich, Gott gefalle ihr widerwilliger Dienst. »Jeder gebe, wie er sich in seinem Herzen vorgenommen hat; nicht mit Verdruß oder aus Zwang, denn einen fröhlichen Geber liebt Gott« (2.Korinther 9,7).

Wir wissen, daß ein verdrießlicher Dienst Gott genauso wenig gefällt, wie er uns gefallen würde. Eine solche Idee vom Kreuz ist wahrlich ein armseliger Ersatz für die tiefe Gnade unseres Todes mit Christus und unserer Auferstehung in das triumphierende geistliche Leben, das verborgen ist mit Christus in Gott. Natürlich sollen wir als Geist-geborene lieben und hassen, was Gott liebt und haßt. Wer eins ist mit Christus kann gar nicht anders. Er wird Gottes Willen lieben und ihn gerne und freudig tun. Wie steht es denn mit zwei Menschen, die sich lieben? Suchen sie nicht ständig nach einer Gelegenheit, dem anderen Freude zu machen? Sollte es in der Beziehung zu Christus anders sein?

»Allezeit das Sterben Jesu am Leib umhertragend,

damit auch das Leben Jesu an unserem Leibe offenbar werde. Denn ständig werden wir, die Lebenden, dem Tod überliefert um Jesu willen, damit auch das Leben Jesu an unserem sterblichen Fleisch offenbar werde« (2.Korinther 4,10-11).

Hier wird unverblümt vom Sterben und vom Tod geredet. Folglich muß das, was gekreuzigt wird, dem leiblichen Tod vergleichbar sein, das heißt, ohne Leben, ohne Gefühl, ohne Fähigkeit zu leiden. Der mit Christus Gekreuzigte kann also Gottes Willen nicht als Mühsal empfinden, weil diese Empfindung gestorben ist. Es lebt nur jener Teil, der Gottes Willen liebt und freudig tut.

»So auch ihr, haltet euch der Sünde für tot, Gott aber lebend in Christus Jesus. So herrsche nun nicht die Sünde in eurem sterblichen Leib, daß er seinen Lüsten gehorche; stellt auch nicht eure Glieder der Sünde zur Verfügung als Werkzeuge der Ungerechtigkeit, sondern stellt euch selbst Gott zur Verfügung als Lebende aus den Toten und eure Glieder Gott zu Werkzeugen der Gerechtigkeit« (Römer 6,11-13).

Ich nehme also mein Kreuz auf mich, verleugne mich selbst und halte mich der Sünde für tot. Die fleischlichen Begierden, die mich früher angezogen haben, können mir nichts mehr antun. Ich habe jetzt himmlische Begierden. Das heißt, ich kann jetzt wirklich aus der geistlichen Natur heraus leben. Ich kann jetzt tatsächlich frei zwischen fleischlichen und geistlichen Dingen wählen und mich mit Freude für die geistlichen entscheiden. Das bedeutet, daß ich mich Gott zur Verfügung stelle als lebend in Christus Jesus.

»Und ihr seid in ihm zur Fülle gebracht. Er ist das Haupt jeder Gewalt und jeder Macht. In ihm seid ihr auch beschnitten worden mit einer Beschneidung, die nicht mit Händen geschehen ist, sondern im Ausziehen des fleischlichen Leibes, in der Beschneidung des Christus, mit ihm begraben in der Taufe, in ihm auch mitauferweckt durch den Glauben an die wirksame Kraft Gottes, der ihn aus den Toten auferweckt hat« (Kolosser 2,10-12).

Was begraben ist, kann nicht leiden. Es ist tot. Die ganze Beweisführung in Römer 6 gründet sich auf dieses Argument.

»Was sollen wir nun sagen? Sollten wir in der Sünde verharren, damit die Gnade überströme? Das sei ferne! Wir, die wir der Sünde gestorben sind, wie sollten wir noch in ihr leben? Oder wißt ihr nicht, daß wir, so viele auf Christus Jesus getauft wurden, auf seinen Tod getauft worden sind? So sind wir nun mit ihm begraben worden durch die Taufe in den Tod, damit, wie Christus aus den Toten auferweckt worden ist durch die Herrlichkeit des Vaters, so auch wir in Neuheit des Lebens wandeln« (Römer 6,1-4).

Hier steht nichts davon, daß wir nicht sündigen sollen. Denn das könnte heißen, daß wir im geheimen gerne sündigen würden, aber uns aus irgendeinem Grund nicht trauen. Hier heißt es, wir sind der Sünde gestorben, und darum können wir nicht sündigen, das heißt, wir wollen gar nicht. Genau das spricht Johannes an: »Jeder, der aus Gott geboren ist, tut nicht Sünde, denn sein Same bleibt in ihm; und er kann nicht sündigen, weil er aus Gott geboren ist« (1. Johannes 3,9).

Der aus Gott geborene geistliche Mensch in uns kann nicht sündigen, weil er von Natur aus heilig ist. Wenn wir trotzdem sündigen, haben wir das Fleisch wieder zum Leben erweckt und uns ihm untergeordnet. Wer Gottes Willen nicht liebt, sondern in ihm sein Kreuz sieht, lebt aus dem Fleisch. Der geistliche Mensch in uns kann gar keine Abneigung gegen Gottes Willen haben, denn es liegt in der Natur der Dinge, daß das, was aus Gott geboren ist, Seinen Willen liebt. Was also vor ihm zurückschreckt und leidet, muß das Eigenleben sein. Und dieses Eigenleben sollen wir nach Jesu Gebot kreuzigen und verleugnen (Markus 8,34-35).

Etwas verleugnen bedeutet, seine Existenz nicht anerkennen. Wer sich selbst verleugnet, erkennt die früheren Rechte der fleischlichen Natur nicht mehr an. Er argumentiert nicht mit ihr, sondern verleugnet ihre Existenz. Sie existiert einfach nicht mehr für ihn. Was biblische Verleugnung ist, sehen wir aus der Geschichte von Petrus. (Siehe Matthäus 26,34-35;69-75).

Petrus sagte einfach: »Ich kenne den Menschen nicht«. Damit hatte er Christus verleugnet. Wir verleugnen unser Ich, wenn wir zu ihm sagen: »Ich kenne dich nicht.« Für Fenelon besteht echte Selbstverleugnung darin, das heißgeliebte Ich als völlig Fremden zu betrachten, an dem wir kein Interesse haben. Zu diesem Teil unserer Natur sagen wir: »Ich kenne dich nicht. Vielleicht gehörst du zu den interessantesten bzw. bemitleidenswertesten Menschen der Welt. Aber ich will deine Geschichte nicht hören. Du bist mir fremd. Ich interessiere mich nicht für dich.« Ist das überhaupt möglich? Sicher hat jeder von uns irgendwann einmal erlebt, daß er sich vor lauter Liebe, Freude oder Schmerz selbst vergessen und nur noch anderen zugewendet hat. Sagen wir nicht manchmal: »Ich habe mich völlig vergessen«? Ist das nicht eine höchst effektive Art der Selbstverleugnung? »Deshalb habe ich Wohlgefallen an Schwachheiten, an Mißhandlungen, an Nöten, an Verfolgungen, an Ängsten um Christi willen; denn wenn ich schwach bin, dann bin ich stark« (2.Korinther 12,10).

Paulus betrachtete seine Prüfungen nicht als schweres Kreuz, sondern freute sich über sie. Er hatte das echte

Kreuz, durch welches er der Welt gekreuzigt war, so effektiv aufgenommen, daß er seine ganze Freude am Willen Gottes hatte, auch wenn Unannehmlichkeit und Verfolgung, Kummer und Mangel ihn begleiteten.

Als Kinder Gottes sind wir keineswegs dazu berufen, uns Liebgewordenes aufzugeben und Dinge zu tun, die uns absolut nicht liegen. So jedenfalls dürfen wir nie die Schrift auslegen, die von Selbstverleugnung und vom Kreuzaufnehmen spricht. Wir sollen alles hassen, was verkehrt ist, und uns davon trennen. Wir sollen alles lieben, was recht ist, und es freudig tun. Das tun wir selbstverständlich, wenn wir unser Kreuz aufgenommen haben und wahrhaftig mit Christus gekreuzigt sind.

Viele Christen wissen nicht, was »mit Christus gekreuzigt« und »der Sünde gestorben« heißen soll. Unreife Christen behaupten, damit seien Erfahrungen gemeint, die nur wenige Auserwählte begreifen und praktisch ausleben könnten. Doch selbst der einfachste Christ weiß, was das Wort »tot« bedeutet. Ich nehme an, meine Leser sind alle dem Diebstahl bzw. dem Mord »gestorben«. Sie wollen weder das eine noch das andere Verbrechen begehen. Sie sind diesen Sünden »gekreuzigt« und zweifellos noch vielen anderen. Sie haben »ihr Kreuz aufgenommen«. Da gibt es nichts Mysteriöses oder Mystisches zu begreifen. Sterben ist eine alltägliche Erfahrung. Das Kreuz war die Todesart Christi. Das Kreuz aufnehmen, heißt ans Kreuz gehen, heißt gekreuzigt werden und sterben. Als Kinder Gottes und Jünger Jesu sollen wir allem gestorben sein, was unsere alte Natur betrifft, so, wie wir das Kreuz bereits in manchen Dingen aufgenommen haben und ihnen gestorben sind. Praktischer und verständlicher geht es nicht.

Kapitel 13

Das Gesetz des Glaubens

»Wo bleibt nun der Ruhm? Er ist ausgeschlossen. Durch was für ein Gesetz? Der Werke? Nein, sondern durch das Gesetz des Glaubens« (Römer 3,27).

Als ich kürzlich über diesen Text nachdachte, ging mir auf, daß der Ausdruck »Gesetz des Glaubens« eine tiefere Bedeutung haben müsse. Das Wort Gesetz prägte sich mir ein und ich begriff, daß damit nicht nur ein vorhandener Glaube bzw. seine Auswirkungen gemeint waren, sondern die innere Struktur und Gesetzmäßigkeit des Glaubens, wie er funktioniert. Wir sprechen zum Beispiel vom Gesetz der Schwerkraft bzw. vom Gesetz der chemischen Verbindungen und meinen damit nicht nur, daß ein solches Gesetz vorhanden ist, sondern wie es sich praktisch auswirkt. Wir denken dabei an die Gesetzmäßigkeiten, die den Ablauf steuern.

Was uns bei einem Gesetz wichtig ist, ist seine Funktion. Als das Gesetz der Schwerkraft entdeckt wurde, hatte das ungeahnte Folgen. Die gewaltigen Kräfte, die in der Schwerkraft zur Auswirkung kommen, konnten so lange nicht gezielt eingesetzt werden, bis die Gesetzmäßigkeiten erkannt waren.

Ich möchte hier nicht von Glaubenssätzen sprechen. Diese überlasse ich gerne den Theologen. Ich will vielmehr die praktischen Gesetze des geistlichen Lebens aufdecken, damit wir sie in unserem täglichen Kampf mit der Welt gezielt einsetzen können.

Im wissenschaftlichen Bereich werden unerklärliche Sachverhalte der Materie aus ihrem Ablauf herausgelöst und eine nach der anderen erforscht. Sobald die Gesetzmäßigkeiten erkannt sind, werden sie dokumentiert. Mit den Ergebnissen wird experimentiert, so daß sie in vielen anderen Bereichen eingesetzt werden können.

Etwas ähnliches geschieht auf geistlicher Ebene im Bereich des Glaubens. Wir werden von allen Seiten mit »Glaubens«-Dingen konfrontiert. Da gibt es Glaubensmissionen, Glaubenshäuser, Glaubensheilung, Glaubenswerke. Die Kirche hat allmählich erkannt, daß der Glaube eine energiegeladene Realität ist, die vieles zustandebringt. Ihre Durchschlagskraft läßt sich eigentlich nur dadurch erklären, daß ein bestimmtes Gesetz des Glaubens am Werk ist, das wie andere Gesetze mit Sicherheit funktioniert, wenn es richtig angewandt wird.

> »Er aber sprach zu ihr: Tochter, dein Glaube hat dich geheilt; geh hin in Frieden und sei gesund von deiner Plage« (Markus 5,34).
>
> »Dann rührte er ihre Augen an und sprach: Euch geschehe nach eurem Glauben« (Matthäus 9,29).

Wir kennen diese Worte des Herrn nur zu gut und haben anderen und uns selbst so manches Mal gesagt: »Es geschehe dir, wie du geglaubt hast.« Haben wir sie vielleicht zu sehr als magische Worte betrachtet, die eine Wunderkraft in sich haben, für die wir keine rechte Erklärung haben? Haben wir nicht oft das Gefühl, der Glaube sei ein recht ungewisser Faktor, der manchmal funktioniert und manchmal auch nicht, mit dem man also nie wirklich sicher rechnen kann? Ist eine solche Glaubensübung nicht jedesmal mehr oder weniger ein Experiment, selbst für die frömmsten Menschen? Und ist nicht das Staunen und die Verwunderung, in die uns ein Glaubenserfolg versetzen, eine gute Indikation dafür, daß uns die Wahrheit noch gar nicht aufgegangen ist, daß nämlich das Gesetz des Glaubens weder ein Experiment noch ein Unternehmen mit zweifelhaftem Ausgang ist?

»Jesus aber antwortete und sprach zu ihnen: Wahrlich, ich sage euch: Wenn ihr Glauben habt und nicht zweifelt, so werdet ihr nicht allein das mit dem Feigenbaum Geschehene tun, sondern wenn ihr auch zu diesem Berg sagen werdet: Hebe dich empor und wirf dich ins Meer! so wird es geschehen. Und alles, was immer ihr im Gebet glaubend begehrt, werdet ihr empfangen« (Matthäus 21,21-22).

Der hier beschriebene Glaube ist keinesfalls experimentell. Jesus beschreibt hier einen kompromißlosen Glauben, der jedesmal funktioniert, wenn er eingesetzt wird. Nicht einmal Berge können ihm widerstehen.

»Der Herr aber sprach: Wenn ihr Glauben habt wie ein Senfkorn, so würdet ihr zu diesem Maulbeerbaum sagen: Entwurzele dich und pflanze dich ins Meer! Und er würde euch gehorchen« (Lukas 17,6).

»Da traten die Jünger für sich allein zu Jesus und sprachen: Warum haben wir ihn nicht austreiben können? Er aber spricht zu ihnen: Wegen eures Kleinglaubens; denn wahrlich, ich sage euch, wenn ihr Glauben habt wie ein Senfkorn, so werdet ihr zu diesem Berg sagen: Hebe dich weg von hier dorthin! und er wird sich hinwegheben. Und nichts wird euch unmöglich sein« (Matthäus 17,19-20).

Diese erstaunlichen Aussagen kommen aus dem Mund unseres Herrn. Christus klärt uns hier über ein gewaltiges, unzerstörbares geistliches Gesetz auf, das in Gottes Natur liegt, und jedem nach dem Maß zugeteilt wird, dessen er fähig ist; jedem, der von Gott geboren und Teilhaber Seiner göttlichen Natur ist. Wie die Schwerkraft mit der Materie verbunden ist und immer zum Zuge kommt, so ist der Glaube mit dem Geist verbunden und kommt immer zum Zug. Wenn Christus sagt, daß dem Glauben »nichts unmöglich« ist, dann ist das eine ungeheuerliche Aussage und offenbart eine erstaunliche Ordnung. »Jesus aber sprach zu ihm: Wenn du das kannst? Dem Glaubenden ist alles möglich« (Markus 9,23).

Wir wissen, daß Gott alles möglich ist und hier sagt uns der Herr, daß uns alles möglich ist, wenn wir glauben. Er hätte sich nicht klarer und unmißverständlicher ausdrükken können. Wir können diese gewaltige geistliche Kraft einsetzen, die uns vom Herrn bei unserer geistlichen Geburt geschenkt wurde.

Wir wollen zuerst einmal sehen, was Glaube nicht ist. Dann können wir besser verstehen, was er wirklich ist.

Viele meinen, der Glaube sei eine besondere Befähigung der Seele, vom Heiligen Geist auf flehentliches Gebet hin gewirkt; dadurch soll der Mensch befähigt werden, Gottes Gnade zu empfangen. Andere meinen, Glaube sei eine Gott wohlgefällige Herzenshaltung. Wieder andere halten den Glauben für eine Sache, die man im Gebet erringt, eine Art greifbare Realität, die sichtbar und spürbar ist, sozusagen ein geistlicher Artikel, der auf der Verpackung die Aufschrift »Glaube« trägt, ins menschliche Herz verpflanzt wird und wie ein Automat funktioniert, aus dem man sich im Selbstbedienungsverfahren Gottes Gaben erstehen kann. Dazu kommt noch ein geheimnisvolles Element, das dem vernünftigen Menschen im Alltag überhaupt nicht weiterhilft.

Tatsache ist jedoch, daß Glaube nichts anderes ist als Vertrauen. Wir glauben an uns selbst, wenn wir uns etwas zutrauen. Wir glauben einem Freund, wenn wir ihm vertrauen. Wir glauben einer Bank, wenn wir ihr vertrauen.

Biblischer Glaube ist nichts anderes als Vertrauen auf Gott. Einem Menschen glauben und Gott glauben ist im Grunde das gleiche. Der Unterschied besteht nur in der Person, der wir unser Vertrauen schenken. Einem Menschen glauben verbindet uns nur mit dem Menschen. Gott glauben verbindet uns mit Gott.

> »Wenn wir schon das Zeugnis der Menschen annehmen, das Zeugnis Gottes ist größer; denn dies ist das Zeugnis Gottes, daß er über seinen Sohn Zeugnis abgelegt hat. Wer an den Sohn Gottes glaubt, hat das Zeugnis in sich; wer Gott nicht glaubt, hat ihn zum Lügner gemacht, weil er nicht an das Zeugnis geglaubt hat, das Gott über seinen Sohn bezeugt hat« (1. Johannes 5,9-10).

Glaube ist also keine Sache, die man sehen oder berühren oder in den Griff bekommen kann. Glaube ist auch nicht Gnade oder eine liebenswürdige Wesensart. Glaube hat nichts Mysteriöses, Geheimnisvolles an sich. An Gott glauben, heißt Gott vertrauen.

Es gibt auch nicht verschiedene Arten von Glauben. Man hört von einem gefühlsmäßigen Glauben, einem lebendigen Glauben, einem rettenden Glauben, einem intellektuellen Glauben, einem historischen Glauben und einem toten Glauben. Das ist pure Wortverschwendung. Entweder vertraue ich oder ich vertraue nicht. Wenn ich vertraue, habe ich Glauben. Wenn ich nicht vertraue, habe ich keinen Glauben. So einfach ist das.

Es gibt zwei Bibelstellen, die den Glauben sehr klar beschreiben.

> »Durch Glauben verstehen wir, daß Gott durch sein Wort die Weltzeiten ins Leben gerufen hat, ja daß alles Sichtbare aus dem Unsichtbaren hervorgegangen ist« (Hebräer 11,3).
>
> »Auf Glauben kommt es an und darum auf Gnade.

Nur so bekommen die Verheißungen festen Grund für alle Nachkommen, nicht nur für die, die das Gesetz empfangen haben, sondern für alle, die glauben wie Abraham.

So ist er unser aller Vater. Und so steht es ja auch geschrieben: Zum Vater vieler Völker habe ich dich gesetzt. Und warum ist das so? Weil er Gott vertraute, der die Toten lebendig macht und das Wesenlose ins Dasein ruft. Denn wo nichts zu hoffen war, hat er im Vertrauen an der Hoffnung festgehalten. So ist er ein Vater vieler Völker geworden, wie es ja auch heißt: So zahlreich wird deine Nachkommenschaft sein. Natürlich wußte er als Hundertjähriger, daß sein Leib keine Zeugungskraft mehr hatte; er wußte auch, daß Sara kein Kind mehr bekommen konnte, aber er wurde nicht schwach im Glauben. Er zweifelte nicht an der Verheißung, die Gott ihm gegeben hatte, sondern wurde stark im Glauben und gab Gott die Ehre. Er war dessen ganz gewiß: Was Gott verheißt, das kann er auch tun. Und eben dieses Vertrauen wurde ihm zur Gerechtigkeit angerechnet« (Römer 4,16-22).

Der Glaube im Hebräerbrief-Zitat vermittelt das Wissen, daß Gottes Wort die Welten geschaffen hat. Wir glauben das auf Gottes Wort hin, ohne irgendwelche anderen Beweise dafür zu wollen. Sein Wort genügt uns. Wir waren nicht dabei, wir haben nicht zugesehen; wir kennen auch sonst niemand, der dabei war. Aber weil Gott es sagt, ist es so. Das heißt glauben.

Das Zitat aus dem Römerbrief zeigt den Glauben bezüglich künftiger Dinge, statt vergangener Dinge. Abraham ist das biblische Modell dieses Glaubens. Was hat Abraham Außergewöhnliches getan? Er glaubte aufs Wort, als Gott ihm sagte, er würde einen Sohn bekommen. Er hatte keine äußeren Anhaltspunkte dafür und nicht die geringste vernünftige menschliche Hoffnung, sondern »er hoffte gegen alle Hoffnung«, weil Gott es gesagt hatte und er entschied sich, Gott zu glauben. Darum wird von ihm gesagt: »Abraham glaubte Gott, und das wurde ihm zur Gerechtigkeit angerechnet.«

Die Glaubensordnung besteht aus zwei Aspekten: der Einsicht in Gottes Willen und der vollkommenen Gewißheit, daß dieser Wille erfüllt wird. Es gibt zwei Stellen, die diese Gesetzmäßigkeit des Glaubens erklären.

> »Und dies ist die Zuversicht, die wir zu ihm haben, daß er uns hört, wenn wir etwas nach seinem Willen bitten. Und wenn wir wissen, daß er uns hört, was wir auch bitten, so wissen wir, daß wir das Erbetene haben, das wir von ihm erbeten haben« (1.Johannes 5,14-15).
>
> »Und Jesus antwortete und spricht zu ihnen: Habt Glauben an Gott! (Eigentlich: Habt den Glauben Gottes!) Wahrlich, ich sage euch: Wer zu diesem Berg sagen wird: Hebe dich empor und wirf dich ins Meer! und nicht zweifeln wird in seinem Herzen, sondern glauben, daß geschieht, was er sagt, dem wird es werden. Darum sage ich euch: Alles, um was ihr auch betet und bittet, glaubt, daß ihr es empfangen habt, und es wird euch werden« (Markus 11,22-24).

Wie das Gesetz des Glaubens funktioniert, kommt in diesen Stellen klar zum Ausdruck. Gottes Glauben sollen wir haben. Gott zweifelt nicht im geringsten, daß Er erreicht, was Er sich vornimmt. Sein Glaube ist absolut und gewiß. Er weiß, was Er will, und Er weiß, daß Er es bekommt.

So sollen wir glauben. So sollen wir aussprechen, was wir glauben. »Denn er sprach, und es geschah; er gebot, und es stand da« (Psalm 33,9).

Einerseits heißt es: »bittet« und andererseits heißt es: »sagt«. Da gibt es keinen Unterschied, denn das Gebet des Glaubens ist tatsächlich auch ein Gebot des Glaubens. Gott sprach und es geschah. So sollen wir, die wir aus Ihm geboren sind, sprechen, und es soll geschehen. Das hat Jesus gemeint, wenn Er sagt: »Habt den Glauben Gottes«, wie es im Originaltext heißt. Wir sollen dieselbe Art von Glauben haben, die Gott hat, nach unserem Maß. Römer 4,17b beschreibt den Glauben, den Gott hat: »Gott,... der die Toten lebendig macht und das Nichtseiende ruft, wie wenn es da wäre.«

Gott beachtet gar nicht, was nicht ist, sondern ruft »das Nichtseiende, wie wenn es da wäre«, Er ruft es ins Dasein. Ich weiß nicht, wieviel von dieser kreativen Kraft des Glaubens wir, Seine Kinder, haben. Aber ich bin sicher, daß wir berufen sind, sie in viel größerem Maße zur Anwendung zu bringen, als wir es tatsächlich tun. In unserem Leben gibt es viele Berge, die schon längst bewegt worden wären, wenn wir nur den Glaubensmut hätten, zu ihnen zu sagen: »Hebe dich hinweg«, begleitet von der absoluten Gewißheit, daß ihnen nichts anderes übrig bleibt.

Unser Problem besteht darin, daß wir weder das Glaubensgebot aussprechen, noch das Glaubensgebet beten. Wir sprechen viel eher Zweifelsworte aus und beten experimentelle Gebete. Dann wundern wir uns, weshalb unser Glaube und unsere Gebete nichts bewirken.

> »Er bitte aber im Glauben, ohne zu zweifeln; denn der Zweifler gleicht einer Meereswoge, die vom Wind bewegt und hin und her getrieben wird« (Jak.1,6-7).

Es bringt nichts, gegen ein unveränderliches Gesetz anzukämpfen. Wir könnten genauso gut versuchen, gegen die Schwerkraft anzugehen und ein Haus von oben nach unten zu bauen. Der Christ, der im geistlichen Bereich irgend etwas durch Zweifel erreichen will, ist machtlos. Das geht einfach nicht. Je schneller die Christenheit dies begreift, desto besser. Wir können gar nicht absehen, was durch den Glauben alles getan werden könnte. Eines können wir aber mit Sicherheit absehen: Durch Zweifel wird absolut nichts erreicht. »Ohne Glauben aber ist es unmöglich, ihm wohlzugefallen; denn wer Gott naht, muß glauben, daß er ist und denen, die ihn suchen, ein Belohner sein wird« (Hebräer 11,6).

Das geistliche Leben hängt vom Glauben ab, wie das leibliche Leben vom Atem gespeist wird. Eine Leiche atmet nicht mehr. Ein Mensch ohne Glauben ist geistlich tot.

Gibt es Glaubensgrenzen? Meines Erachtens zeigt die Schrift keine auf. Man lese nur die triumphierenden Aussagen bezüglich des Glaubens in Hebräer 11. Da gibt es kaum eine Erfahrung im menschlichen Leben, die nicht auf irgendeine Art und Weise aufgezählt wird in diesem herrlichen Siegesbericht des Glaubens.

> Und was soll ich noch sagen? Denn die Zeit würde mir fehlen, wenn ich erzählen wollte von Gideon, Barak, Simson, Jefthath, David und Samuel und den Propheten, die durch Glauben Königreiche bezwangen, Gerechtigkeit wirkten, Verheißungen erlangten, der Löwen Rachen verstopften, des Feuers Kraft auslöschten, des Schwertes Schärfe entgingen, aus der Schwachheit Kraft gewannen, im Kampf stark wurden, der Fremden Heere zurücktrieben. Frauen erhielten ihre Toten durch Auferstehung wieder; andere aber wurden gefoltert, da sie die Befreiung nicht annahmen, um eine bessere Auferstehung zu erlangen. Andere aber wurden durch Verhöhnung und Geißelung versucht, dazu durch Fesseln und Gefängnis. Sie wurden gesteinigt, verbrannt, zersägt, starben den

> Tod durch das Schwert, gingen umher in Schafpelzen, in Ziegenfellen, hatten Mangel, Drangsal, Ungemach. Sie, deren die Welt nicht wert war, irrten umher in Wüsten und Gebirgen und Höhlen und den Klüften der Erde. Und diese alle, die durch den Glauben ein Zeugnis erhielten, haben die Verheißung nicht erlangt, da Gott für uns etwas Besseres vorgesehen hat, damit sie nicht ohne uns vollendet werden sollten (Hebräer 11,32-40).

Diese Gott hingegebenen Menschen haben das Gesetz des Glaubens ganz gewiß verstanden und wußten, wie man es anwendet – viel besser, als wir heute.

Sie erlebten dieses Gesetz hautnah. Sie verbannten es nicht in den religiösen Bereich, der mit dem Alltag nichts zu tun hatte; verdrängten es nicht auf die Fasten- bzw. Festtage. Es war Teil ihres täglichen Lebens. Sie rechneten damit in jeder Krise. Wir machen heute den Fehler, dieses Gesetz nur dann in Betracht zu ziehen, wenn wir uns mit unserer sogenannten Frömmigkeit beschäftigen. Aber die Bibel sagt uns, durch Glauben zu leben. Das meint unseren Alltag. Unser Glaube soll in allen Lebenssituationen heimisch sein, ob sie nun als geistlich oder irdisch bezeichnet werden. In den irdischen Dingen, wie in den himmlischen, läßt uns nur der Glaube überwinden. Fassen wir doch endlich den Entschluß, unser Leben im Glauben zu leben. Wenden wir es doch ununterbrochen in unserem Alltag an, in unseren geschäftlichen Unternehmungen, unseren gesellschaftlichen Verpflichtungen, kurz, in allem, was uns innerlich und äußerlich betrifft. Machen wir doch die Probe aufs Exempel, ob nicht auch wir »durch den Glauben ein Zeugnis erhalten« und wie unsere Vorgänger in jeder Krise und in jeder Not unseres Lebens durch Glauben überwinden.

Kapitel 14

Das Gesetz des Lebens

»Denn das Gesetz des Geistes des Lebens in Christus Jesus hat dich frei gemacht von dem Gesetz der Sünde und des Todes« (Römer 8,2).

Im allgemeinen kümmern sich viele Christen nicht viel um ihr geistliches Leben. Sonntags besinnen sie sich vielleicht darauf und halten sich äußerlich an Gepflogenheiten, aber im Alltag befinden sie sich auf hoher See. Sie haben keine Ahnung vom Gesetz des geistlichen Lebens und seiner Anwendung im Alltag.

Im letzten Kapitel habe ich versucht, den Begriff Gesetz näher zu erläutern. Wir haben gesehen, daß es tatsächlich ein Gesetz des Glaubens gibt, das so sicher funktioniert und in Kraft tritt, wie das Gesetz der Schwerkraft. Beim Thema Gesetz des Lebens möchte ich vor allem wieder den Begriff Gesetz unterstreichen.

Ist es nicht vernünftig anzunehmen, daß cs Gesetze des geistlichen Lebens geben muß, wie es Gesetze des natürlichen Lebens gibt, und daß beide sicher und zuverlässig in Kraft treten? Sehr oft besteht das christliche Leben jedoch eher aus einer Reihe von zweifelhaften Experimenten, von denen man sich zwar Erfolg erhofft, den man aber nie garantieren kann. Viele haben noch nicht verstanden, daß es ein Gesetz des Lebens gibt, das absolut zuverlässig ist. Würden sie es entdecken und begreifen, könnten sie Gewißheit und frohe Erwartung gegen Zweifel und Risiko eintauschen. »Du hast mir kundgetan Wege des Lebens; du wirst mich mit Freude erfüllen vor deinem Angesicht« (Apostelgeschichte 2,28b).

Nur wer dem Gesetz des Lebens ungehindert freien Lauf gibt in seinem Leben, kann vom Gesetz der Sünde und des Todes frei werden. Darum ist es so wichtig, daß wir dieses Leben kennen, daß wir verstehen, wie es in uns geboren wird, wie es wächst, genährt wird, Frucht bringt, wie es sich auswirkt und in welcher Umgebung es gedeiht.

Wie wird geistliches Leben geboren:

> »Gepriesen sei der Gott und Vater unseres Herrn Jesus Christus, der nach seiner großen Barmherzigkeit uns wiedergeboren hat zu einer lebendigen Hoffnung durch die Auferstehung Jesu Christi aus den Toten« (1. Petrus 1,3).
>
> »Die nicht aus Geblüt, noch aus dem Willen des Fleisches, noch aus dem Willen des Mannes, sondern aus Gott geboren sind« (Johannes 1,13).

Unmißverständliche Aussagen. Unser geistliches Leben ist aus Gott geboren, aus Gottes Willen. Es hat seinen Ursprung in Ihm und hat seine Natur von Ihm. Wer von uns hat das völlig verstanden und lebt danach? Warum machen sich so viele um ihr geistliches Leben Sorgen? Wir benehmen uns doch oft so, als ob wir aus dem Willen des Menschen geboren werden müßten: Wir versuchen, durch Kraftanstrengungen, gute Vorsätze, flehentliche Gebete und fromme Übungen jeder Art, die neue Geburt zu bewerkstelligen. Kein Wunder, daß das christliche Leben für so viele ein solch schwieriges und anscheinend hoffnungsloses Unterfangen geworden ist. Selbst auf natürlicher Ebene ist die Schöpfung neuen Lebens durch den Menschen außerhalb der Naturgesetze unmöglich; wieviel mehr auf geistlicher Ebene. Wer versucht, geistliches Leben durch menschliches Bemühen hervorzubringen, muß scheitern und endet in der Verzweiflung.

»Jesus antwortete: Wahrlich, wahrlich, ich sage dir: Wenn jemand nicht aus Wasser und Geist geboren wird, kann er nicht in das Reich Gottes eingehen. Was aus dem Fleisch geboren ist, ist Fleisch, und was aus dem Geist geboren ist, ist Geist. Wundere dich nicht, daß ich dir sagte: Ihr müßt von neuem geboren werden. Der Wind weht, wo er will, und du hörst sein Sausen, aber du weißt nicht, woher er kommt und wohin er geht; so ist jeder, der aus dem Geist geboren ist« (Johannes 3,5-8).

Nur bei Johannes werden die Aussagen Jesu mit »Wahrlich, wahrlich« eingeleitet. Es gibt vierundzwanzig solcher Aussagen in seinem Evangelium, und alle haben mit den Gesetzen des geistlichen Lebens zu tun. Dieses »Wahrlich, wahrlich« will betonen, daß die nachfolgende Aussage absolut wahr ist. Jesus sagt, der einzige Weg für den Menschen zum geistlichen Leben ist die geistliche Geburt. Nach der Geburt gibt es zwar Wachstum, aber man kann nicht in das Leben hineinwachsen. Der Zugang zum Leben ist ausschließlich die Geburt.

> »Denn ihr seid wiedergeboren nicht aus vergänglichem Samen, sondern aus unvergänglichem durch das lebendige und bleibende Wort Gottes« (1. Petrus 1,23).
>
> »Denn er nimmt sich doch wohl nicht der Engel an, sondern der Nachkommenschaft Abrahams nimmt er sich an.
> Daher mußte er in allem den Brüdern gleich werden, damit er barmherzig und ein treuer Hoherpriester vor Gott werde, um die Sünden des Volkes zu sühnen« (Hebräer 2,16-17).

Christus verband sich der Menschheit für immer, als Er aus dem Samen Abrahams hervorging. Darum kann kein

Mensch mehr geboren werden, der nicht zumindest durch die Menschwerdung Christi mit Ihm verbunden ist.

> »Denn wie durch einen Menschen der Tod kam, so auch durch einen Menschen die Auferstehung der Toten. Denn wie in Adam alle sterben, so werden auch in Christus alle lebendig gemacht werden« (1. Korinther 15,21-22).
>
> »Aber das Geistliche ist nicht zuerst, sondern das Natürliche, danach das Geistliche. Der erste Mensch ist von der Erde, irdisch; der zweite Mensch vom Himmel. Wie der Irdische, so sind auch die Irdischen; und wie der Himmlische, so sind auch die Himmlischen. Und wie wir das Bild des Irdischen getragen haben, so werden wir auch das Bild des Himmlischen tragen« (1. Korinther 15,46-49).

Die Wortwahl in 1. Korinther 15,22 ist bedeutsam: wie und so. Genau so, wie wir natürliches Leben vom ersten Adam erben, so erben wir geistliches Leben vom zweiten Adam. Darum ist in jedem Menschen eine Sehnsucht nach Gott vorhanden. Die alten Quäker nannten es »das Zeugnis für Gott in der Seele«, »das, was dem göttlichen Reden in der Seele antwortet«.

In jedem Menschen gibt es einen göttlichen Samen, aber dieser ist nicht in allen lebendig. In der natürlichen Welt können Samenkörner jahrelang schlummern, allem Anschein nach tot. Doch unter den richtigen Umständen können sie in ein kraftvolles Leben ausbrechen.

Bei einer Konferenz in England hörte ich Wilberforce von einem Samenkorn sprechen, das jahrtausendelang in einer Mumie eingewickelt gewesen war. Er legte es in ein wenig warmes Wasser und beobachtete es unter dem Mikroskop. Schon nach mehreren Minuten fing das Samenkorn an zu quellen. Dann sprang es auf und auf jeder Seite schoß ein kleines weißes Fädchen heraus und bewegte sich im Wasser auf der Suche nach geeigneter Nahrung. Das Samenkorn wurde lebendig und »ergriff das Leben«.

»Kämpfe den guten Kampf des Glaubens; ergreife das ewige Leben, zu dem du berufen worden bist und bekannt hast das gute Bekenntnis vor vielen Zeugen« (1. Timotheus 6,12).

»Gott aber, der reich ist an Barmherzigkeit, hat um seiner vielen Liebe willen, womit er uns geliebt hat, auch uns, die wir in den Vergehungen tot waren, mit dem Christus lebendig gemacht – durch Gnade seid ihr errettet!« (Epheser 2,4-5).

Das göttliche Samenkorn in uns wird durch den Heiligen Geist lebendig gemacht, wenn wir uns nach Heiligkeit sehnen. Dann erst kommt unsere Verantwortung zum Tragen. Wir können Leben zwar nicht schaffen, aber wir können ihm erlauben, zu leben. Wir können es »ergreifen«, indem wir uns Christus völlig anvertrauen, der ja unser Leben ist. Wir können Christus unser Leben sein lassen und können uns weigern, irgendein anderes Leben in uns zuzulassen.

Wir können entscheiden, ob wir in Ihm leben wollen. »So auch ihr, haltet euch der Sünde für tot, Gott aber lebend in Christus Jesus« (Römer 6,11).

Das geistliche Leben wächst durch Hingabe und Glauben. Das alte Selbstleben muß boykottiert werden. Nur das geistliche Leben darf unterstützt werden. Dabei dürfen wir nicht annehmen, daß wir irgend etwas zum Wachstum beitragen könnten. Wir können weder Leben zeugen, noch durch eigene Anstrengungen Wachstum hervorbringen. Wir sind völlig machtlos in bezug auf das neue Leben, wie auf sein Wachstum. Leben kommt aus Leben. Es ist eine Kraft, die nur die Chance zum Wachstum braucht.

»Wer aber unter euch kann mit Sorgen seiner Lebenslänge eine Elle zusetzen? Und warum seid ihr um Kleidung besorgt? Betrachtet die Lilien des Feldes, wie sie wachsen: sie mühen sich nicht, auch spinnen sie nicht. Ich aber sage euch, daß selbst nicht Salomo in all seiner Herrlichkeit bekleidet war wie eine von diesen. Wenn aber Gott das Gras des Feldes, das heute steht und morgen in den Ofen geworfen wird, so kleidet, wird er das nicht vielmehr euch tun, ihr Kleingläubigen?« (Matthäus 6,27-30).

Die Lilie wächst durch die Kraft ihres eigenen inneren Lebensprinzips und nach den Gesetzen einer Lilie. Keine noch so großen Bemühungen, sich zu strecken oder anzustrengen, oder das Nachhelfen eines Außenstehenden, würden ihr wachsen helfen. Wo Christen sich anstrengen zu wachsen, ist das reine Torheit. Sie brauchen nur Christus in sich leben lassen, dann kommt das Wachstum von selbst, solange es nicht durch menschliche Einmischung aufgehalten wird. Leider kennen wir uns so wenig in den Gesetzen des geistlichen Lebens aus, daß wir ständig versuchen, uns einzumischen.

Stellen wir uns ein Samenkorn vor, das gerade lebendig geworden ist. Wir belauschen es bei einem Selbstgespräch: »Was für ein scheußlicher Ort das ist! Wie kann hier im Dunkeln überhaupt etwas wachsen? Wie diese schweren Erdklumpen drücken! Was ist denn jetzt auf einmal los? Ich breche ja überall auf! Und da wächst doch etwas nach unten! Ich dachte, ich sollte nach oben wachsen. Wie soll das nur weitergehen? Ich glaube, alles geht schief. Und ich dachte, ich sollte im Sonnenschein stehen. Statt dessen kommt so ein furchtbarer Regensturm und durchnäßt mich vollkommen. Ich werde das nie überleben. Außerdem bin ich viel zu winzig. Ich soll doch ein großer Baum sein. Wo ist denn die Frucht, die ich tragen soll? Ich habe ja nur zwei, drei kleine grüne Blätter.« Und so weiter, ad infinitum. Kennen wir Menschen, die ähnlich klagen?

Als nächstes wollen wir überlegen, wie das geistliche Leben genährt wird. Gibt es da bestimmte Ernährungsprinzipien?

> »Jesus antwortete ihnen und sprach: Wahrlich, wahrlich, ich sage euch: Ihr sucht mich, nicht weil ihr Zeichen gesehen, sondern weil ihr von den Broten gegessen habt und gesättigt worden seid. Wirket nicht für die Speise, die vergeht, sondern für die Speise, die da bleibt ins ewige Leben, die der Sohn des Menschen euch geben wird; denn diesen hat der Vater, Gott, beglaubigt. ... Denn das Brot Gottes ist der, welcher aus dem Himmel herabkommt und der Welt das Leben gibt. Da sprachen sie zu ihm: Herr, gib uns allezeit dieses Brot! Jesus sprach zu ihnen: Ich bin das Brot des Lebens: Wer zu mir kommt, wird nicht hungern, und wer an mich glaubt, wird nimmermehr dürsten« (Johannes 6,26-27;33-35). Siehe auch Johannnes 6,48-58.

Viele Christen versuchen ihr geistliches Leben mit allen möglichen Dingen zu nähren, nur nicht mit Christus. Sie nähren sich von den Hülsen trockener Lehrsätze und Traditionen, glänzender christlicher Werke, guter Vorsätze und Zeiten der Hochstimmung. Dann wundern sie sich über ihre Unterernährung. Nur Christus kann den Hunger der Seele stillen. Nur Er kann der Seele geben, was sie braucht. Wie kann ich mich von Christus beleben und nähren lassen? Ganz einfach: Ich bin so innig mit Ihm vereint, daß Sein geistliches Leben durch mich fließt. Dieses Thema wird leider oft als mystisch und schwierig zu verstehen abgetan. Wir können die Sache jedoch ganz praktisch angehen. Sie ist wirklich leicht zu verstehen.

Auf geistiger Ebene können wir uns beispielsweise von den Schriften großer Autoren nähren, das heißt, wir beschäftigen uns mit ihnen und machen uns ihre Weltanschauung zu eigen. Genauso können wir uns auf geistlicher Ebene von Christus nähren. Wir wissen auch, wie man sich menschlich mit einem geliebten und geschätzten Freund in Gedanken verbunden fühlen und innige Anteilnahme an seinem Leben nehmen kann. Genauso können wir uns mit Christus verbinden. So mancher Künstler hat sich am Leben, Wirken und Denken eines großen Meisters orientiert und sie so verinnerlicht, daß er denkt und arbeitet wie sein Vorbild. So können wir es mit Christus tun. (Vergleiche Kapitel 2.)

Nun wollen wir uns mit dem Gesetz des Lebens in bezug auf das Fruchtbringen beschäftigen. Eine lebende Pflanze bringt immer auch Frucht. Sie folgt damit dem Gesetz ihres Lebens. Dieses Gesetz sorgt dafür, daß sich die Frucht automatisch entwickelt, keinesfalls durch eigene Anstrengung. »Ihr habt nicht mich erwählt, sondern ich habe euch erwählt und euch gesetzt, daß ihr hingeht und Frucht bringt und eure Frucht bleibe, damit, was ihr den Vater bitten werdet in meinem Namen, er euch gebe« (Johannes 15,16).

Wir brauchen nicht für die Frucht zu sorgen. Es ist unsere Bestimmung, Frucht zu bringen, so wie ein Feigenbaum natürlich Feigen trägt. Das ist das Gesetz unseres geistlichen Lebens. Es ist praktisch unmöglich, keine Frucht zu bringen, wenn wir geistliches Leben haben. Eine lebende Eiche produziert Eicheln; sie kann gar nicht anders. Warum begreifen das so wenige? Warum gibt es so viele Christen, die sich unglaublich anstrengen, von außen Früchte an ihre Zweige zu hängen? Sie gleichen einem Mann, der sich Äpfel kauft und sie an seinen Apfelbaum hängt, um sich eine gute Ernte zu sichern! Frucht wächst von innen. Das ist das Gesetz des Fruchtbringens. Wer es nicht beachtet, stiftet nur Verwirrung und Tod.

> »So bringt jeder gute Baum gute Früchte, aber der faule Baum bringt schlechte Früchte. Ein guter Baum kann nicht schlechte Früchte bringen, noch ein fauler Baum gute Früchte« (Matthäus 7,17-18).

Das Gesetz des Fruchtbringens ist ganz einfach: Unsere Frucht ist, was wir sind. Ausschlaggebend ist, ob ich gut oder böse bin. Danach richtet sich automatisch die Frucht.

> »Kann etwa, meine Brüder, ein Feigenbaum Oliven hervorbringen, oder ein Weinstock Feigen? Auch kann Salziges nicht süßes Wasser hervorbringen« (Jakobus 3,12).

Ein weiteres Gesetz des Lebens ist, daß alle Pflanzen Frucht nach ihrer eigenen Art hervorbringen müssen. Ich kann nur die Pflanze sein und die Frucht bringen, die der göttliche Gärtner in mich hineingelegt hat. Mancher möchte gern anders sein, als Gott ihn gemacht hat. Vielleicht möchte er lieber ein Rosenspalier mit herrlich duftenden Rosen sein, während Gott ihn als Kartoffelpflanze geschaffen hat, von der er Kartoffeln erwartet. Ein solcher ist vielleicht versucht, sich Papierrosen zu besorgen und anzuhängen. Welche Torheit! Auch eine Million Papierrosen können eine Kartoffelpflanze nie in ein Rosenspalier verwandeln! Wer sich eine solche Rose pflückt, merkt den Betrug sofort! Wir sollen gesunde, kräftige Pflanzen nach Gottes Wahl sein, zufrieden mit unserem eigenen Lebensgesetz, das Gott in uns hineingelegt hat. Wir sollen stets das beste aus unserer Art machen, nicht etwas anderes werden wollen.

> »Bleibt in mir und ich in euch. Wie die Rebe nicht von sich selbst Frucht bringen kann, sie bleibe denn am

> Weinstock, so auch ihr nicht, ihr bleibt denn in mir« (Johannes 15,4).
>
> »Gesegnet ist der Mann, der auf den HERRN vertraut und dessen Vertrauen der HERR ist! Er wird sein wie ein Baum, der am Wasser gepflanzt ist und am Bach seine Wurzeln ausstreckt und sich nicht fürchtet, wenn die Hitze kommt. Sein Laub ist grün, im Jahr der Dürre ist er unbekümmert, und er hört nicht auf, Frucht zu tragen« (Jeremia 17,7-8).

Bleiben, oder mit anderen Worten glauben, ist auch das Gesetz des Fruchtbringens. Wenn wir in Christus bleiben, das heißt, wenn wir unser Leben im Vertrauen auf den Herrn leben, hören wir nicht auf, Frucht zu bringen. Und diese Frucht ist gut.

Als nächstes wollen wir das Gesetz der Kraft im geistlichen Leben betrachten.

> »Und er hat zu mir gesagt: Meine Gnade genügt dir, denn meine Kraft kommt in Schwachheit zur Vollendung. Sehr gerne will ich mich nun vielmehr meiner Schwachheiten rühmen, damit die Kraft Christi bei mir wohne« (2. Korinther 12,9).

Geistliches Leben basiert auf dem Gesetz, daß göttliche Kraft in menschlicher Schwachheit zur Vollendung kommt. Unser Teil besteht darin, die Schwachheit beizusteuern, Gott steuert die Kraft bei. Und doch sind wir stets bestrebt, uns Gottes Teil anzueignen, das heißt, eigene Kraft beizusteuern. Weil wir das aber nicht können, fallen wir in tiefe Verzweiflung. Wir meinen, wir müßten uns selbst stark fühlen, wenn wir effektiv für den Herrn wirken wollen. Aber die Bibel lehrt uns, daß unsere Schwachheit in Wirklichkeit unsere größte Kraft ist.

> »Und ich war bei euch in Schwachheit und mit Furcht und in vielem Zittern; und meine Rede und meine Predigt bestand nicht in überredenden Worten der

Weisheit, sondern in Erweisung des Geistes und der Kraft, damit euer Glaube nicht auf Menschenweisheit, sondern auf Gottes Kraft beruhe« (1.Korinther 2,3-5). »Wir haben aber diesen Schatz in irdenen Gefäßen, damit die überragende Größe der Kraft von Gott sei und nicht aus uns« (2.Korinther 4,7).

Für Kinder Gottes ist es sehr wichtig, daß sie begreifen, daß Gottes Kraft nur in der menschlichen Schwachheit zur Vollendung kommen kann. Denn im geistlichen Leben hat der natürliche Mensch keinerlei Kraft. Wer meint, er müsse unbedingt selbst stark sein, wird ständig Probleme haben. Wer dieses Gesetz jedoch erkennt, wird lernen, sich seiner Gebrechlichkeit und Schwachheit zu freuen, weil er weiß, daß er nur dann geistliche Kraft hat, wenn er selbst schwach ist. »Deshalb habe ich Wohlgefallen an Schwachheiten, an Mißhandlungen, an Nöten, an Verfolgungen, an Ängsten um Christi willen; denn wenn ich schwach bin, dann bin ich stark« (2.Korinther 12,10).

Wir haben die Wahl zwischen der Kraft unserer eigenen menschlichen Natur und der Kraft der göttlichen Natur in uns. Wir verlieren gerne die eine, um die andere zu gewinnen. Derselbe Unterschied besteht zwischen der Kraft eines toten Samenkorns, das versucht, die Erde über sich wegzuschieben, und der Kraft des Lebens in einem Samenkorn, wenn es anfängt zu keimen. Dem winzigen Senfkorn muß das Gewicht der Erde wie ein unbeweglicher Berg vorkommen. Aber wenn es keimt, schiebt das Leben dieses winzigen Samenkorns die Erde anscheinend ohne Mühe auf die Seite. Das Leben schiebt alles beiseite, was sich ihm in den Weg stellt, kein Hindernis kann seine Entwicklung aufhalten. Selbst Felsen werden durch die unwiderstehliche Kraft des Lebens in einer Kletterpflanze gesprengt. Wir wollen Leben, immer mehr Leben, nicht mehr Anstrengung. »Ich bin gekommen, damit sie Leben haben und es in Überfluß haben« (Johannes 10,101b).

Der Grund für so manches verdorrte Leben ist die Tatsache, daß es nicht in Christus bleibt. Das ist das geltende Gesetz. Wenn eine Rebe nicht am Weinstock bleibt, muß sie verdorren. Geistliches Leben gedeiht nur in Gott. In Gott bleiben heißt einfach: glauben und gehorchen. »Wenn ihr meine Gebote haltet, werdet ihr in meiner Liebe bleiben«. Dieses Gesetz gilt (siehe Johannes 15,10).

> »Und wir haben erkannt und geglaubt die Liebe, die Gott zu uns hat. Gott ist Liebe, und wer in der Liebe bleibt, bleibt in Gott und Gott bleibt in ihm« (1. Johannes 4,16).
>
> »Und wer seine Gebote hält, bleibt in ihm, und er in ihm; und hieran erkennen wir, daß er in uns bleibt: durch den Geist, den er uns gegeben hat« (1. Johannes 3,24).

Der Mensch, der ein natürliches Gesetz entdeckt, hat gegenüber seinen Mitmenschen einen Vorteil.

Der Christ, der begreift, wie das Gesetz des Lebens in Christus funktioniert, ist wahrhaftig, wie der Apostel sagt, »vom Gesetz der Sünde und des Todes befreit worden«.

> »Wer ein Ohr hat, höre, was der Geist den Gemeinden sagt! Wer überwindet, dem werde ich zu essen geben von dem Baum des Lebens, welcher in dem Paradies Gottes ist« (Offenbarung 2,7).
>
> »Du wirst mir kundtun den Weg des Lebens, Fülle von Freuden ist vor deinem Angesicht, Lieblichkeiten in deiner Rechten immerdar« (Psalm 16,11).

Wenn wir nur auf den Geist Gottes hören würden, so würde Er uns vom Baum des Lebens zu essen geben. Er würde unserem Geist den Weg des Lebens offenbaren. Wenn wir diesen Weg treu gehen, werden wir zu Überwindern, die vom Gesetz der Sünde und des Todes befreit sind.

Wie sollen wir nun konkret vom Baum des Lebens essen? Ein Bild mag uns zum Verständnis verhelfen. Stellen wir uns einen Menschen vor, der nichts über Astronomie weiß. Er ist für die Astronomie tot. Der Begriff enthält überhaupt kein Leben für ihn. Wie könnte ein solcher Mensch diesem Zweig der Wissenschaft gegenüber lebendig werden? Ganz sicher durch das Studium der Astronomie, durch das Lernen seiner Gesetze, durch Befolgen dieser Gesetze. Solch ein Studium erscheint ihm zunächst tot und langweilig; wenn er aber dabei bleibt, wird sein Verstand über kurz oder lang Freude daran bekommen. Dann hätte die Astronomie Leben für ihn, und er würde von ihren Früchten essen. Auf diese Weise können wir auch vom Baum des Lebens essen, der mitten im Paradies Gottes steht. Das heißt, wir lernen die Gesetze dieses Lebens und befolgen sie. Und über kurz oder lang wird uns der Weg des Lebens gezeigt, und wir gehen ihn voller Freude und Gewißheit.

Kapitel 15

Das Gesetz der Liebe

»Seid niemand irgend etwas schuldig, als nur einander zu lieben; denn wer den anderen liebt, hat das Gesetz erfüllt. Denn das: Du sollst nicht ehebrechen, du sollst nicht töten, du sollst nicht stehlen, du sollst nicht begehren, und wenn es ein anderes Gebot gibt, ist es in diesem Wort zusammengefaßt: Du sollst deinen Nächsten lieben wie dich selbst« (Römer 13,8-9).

Die letzten beiden Kapitel haben sich mit dem Gesetz des Glaubens und dem Gesetz des Lebens beschäftigt. Dabei lag die besondere Betonung auf dem Begriff Gesetz. In diesem Kapitel wollen wir das Gesetz der Liebe in ähnlicher Weise verständlich machen. Das heißt, wir wollen sehen, wie das Gesetz funktioniert, worin das Wesen bzw. die Natur der Liebe besteht, welches Prinzip für sie gilt. Mit der Liebe ist es wie mit der Schwerkraft. Sobald wir verstehen, wie sie funktioniert, können wir sie uns zunutze machen und mit ihr rechnen.

Das erste, was von der Liebe gilt, ist, daß sie die Summe aller anderen Gesetze ist. »Und wenn es ein anderes Gebot gibt«, sagt Paulus, nachdem er einige der Hauptgebote vom Sinai aufgezählt hat, »ist es in diesem Gebot zusammengefaßt: Du sollst deinen Nächsten lieben, wie dich selbst«.

Alle anderen Gesetze sind im Gesetz der Liebe enthalten und erfüllt. Es ist also wichtig für uns, daß wir dieses Gesetz erkennen und begreifen.

»Denn das ganze Gesetz ist in einem Wort erfüllt, in dem: Du sollst deinen Nächsten lieben wie dich selbst« (Galater 5,14).

»Die Liebe tut dem Nächsten nichts Böses. So ist nun die Liebe die Erfüllung des Gesetzes« (Römer 13,10).

Hier kommt das Wesen der Liebe zum Ausdruck, jener Zug, der alle anderen Gesetze mit einschließt: »Die Liebe tut dem Nächsten nichts Böses«. Die Liebe kann dem Nächsten einfach nichts Böses tun, nichts, was sie als böse erkennt. Es ist ihr so unmöglich, wie es für die Sonne unmöglich ist, Dunkelheit statt Licht zu verbreiten. Die Liebe liebt einfach und kann absolut nichts tun, was lieblos wäre. Wir sprechen vom KÖNNEN, nicht vom Wollen oder Sollen. Das ist das absolute Gesetz der Liebe.

Wir müssen uns klar machen, daß das, was wir Liebe nennen, größtenteils Selbstsucht ist. Die Menschen lieben nicht primär ihre Freunde, sondern die eigene Befriedigung, die ihnen aus der Freundschaft erwächst. Sie lieben nicht primär andere Menschen, sondern den Gewinn, den sie aus diesen Beziehungen ziehen. Wir lieben einen anderen erst dann wirklich, wenn wir ohne ihn auskommen können, falls scin Wohlergehen das erfordert. An diesem Maßstab gemessen gibt es wenige, die wirklich lieben. Wie oft wird das Leben eines Verwandten, Freundes oder Ehepartners aus Selbstsucht zerstört oder zur Qual gemacht, unter dem Vorwand übergroßer Liebe, die dem Geliebten die geringste Handlungsfreiheit verweigert und alles tut, um seine Entwicklung auf jede Art zu blockieren, wenn sie nicht dem eigenen Vergnügen dient oder den eigenen Vorstellungen entspricht. Ein solches Verhalten ist krasse Selbstsucht, ganz gleich, wie sie kaschiert sein mag.

Das Gesetz der Liebe macht es dem eigenen Ich unmöglich, sich auf Kosten des Geliebten zu verherrlichen; es ist so angelegt, daß es den Geliebten immer vorzieht, auch wenn das heißt, sich selbst zu verleugnen. »Niemand suche das Seine, sondern das des anderen« (1.Korinther 10,24).

Wer sich mit dem Gesetz der Liebe befaßt, wird als erstes feststellen: Wahre Liebe enthält nicht ein Körnchen Selbstsucht. Sie sucht nie das eigene Wohlergehen, sondern das Wohlergehen des Geliebten. Sie vergißt sich selbst; sie stellt keine Ansprüche und macht keine Rechte geltend, außer dem Recht zu lieben und sich für den Geliebten zu verausgaben. So handelt eine liebende Mutter. Sie vergißt ganz sich selbst. Wie sehr hat Christus uns geliebt, als Er Sein Leben für uns gab. Das ist die Liebe, die der Dichter beschrieben hat:

> Die Liebe Gottes: Nur eine Mutter kennt den Preis;
> den Preis der Liebe, die sich selbst gibt preis
> zur Rettung derer, die sie verloren weiß.

Auf diesem Verständnis aufbauend, wollen wir das Gesetz aus zwei Perspektiven betrachten: in bezug auf Gottes Beziehung zu uns, und in bezug auf unsere Beziehung zu den Menschen.

Um Gott zu erkennen, müssen wir zuerst das Wesen der Liebe kennen. Denn Gott ist Liebe. Er besteht sozusagen aus Liebe. Darum sagt der Apostel:

> »Geliebte, laßt uns einander lieben, denn die Liebe ist aus Gott; und jeder, der liebt, ist aus Gott geboren und erkennt Gott. Wer nicht liebt, hat Gott nicht erkannt, denn Gott ist Liebe« (1. Johannes 4,7-8).

Gott ist Liebe. Darum ist die Liebe der Schlüssel zum Geheimnis Gottes. Er ist aber unendlich mehr als nur liebevoll. Er ist die Liebe selbst. Die Sonne gibt nicht nur Licht, sie besteht aus Licht. Sie ist der Ursprung des

Lichts und selbst Licht. Das ist auch so, wenn wir es nicht sehen oder begreifen können, auch wenn ihr Licht hinter den Wolken verborgen ist oder durch gefärbte oder beschichtete Brillen anders gesehen wird.

»Gott ist die Liebe«. Wer Gott kennen will, muß das Wesen der Liebe kennen. Was an der Liebe das Beste und Höchste ist, muß er sodann auf Gott beziehen. Gott steht absolut unter dem Gesetz der Liebe. Weil Sein Wesen und Seine Natur Liebe ist, kann Er nicht anders als lieben. Wir, deren Natur nicht aus Liebe besteht, sondern aus einer Mischung von vielen Dingen, können Liebe verweigern und tun es auch oft. Weil das bei uns so ist, meinen wir, es muß auch bei Gott so sein. Und dieser Gedanke quält uns, weil wir meinen, Gott könne uns wegen unserer Unwürdigkeit sicher nicht lieben. Wir quälen uns unnötig! Die Wirklichkeit sieht ganz anders aus!

> »Und wir haben erkannt und geglaubt die Liebe, die Gott zu uns hat. Gott ist Liebe, und wer in der Liebe bleibt, bleibt in Gott und Gott bleibt in ihm« (1. Johannes 4,16).

Wie steht es mit der Liebe, die Gott zu uns hat? Wer diese Liebe entdeckt, ignoriert alle Schwierigkeiten, alle Sorgen, alle Furcht, alle Verwirrung. Zwar existiert Gottes Liebe unabhängig davon, ob wir sie kennen oder nicht. Aber sie kann uns erst trösten, wenn wir sie kennen. Darum wollen wir Gottes Liebe »entdecken«.

Viele Leute meinen, sie müßten Gottes Liebe erst ins Dasein rufen. Sie versuchen auf jede mögliche Art und Weise, dieses unmögliche Kunststück zu vollbringen. An dieser Stelle setzt die Falschlehre von der Askese und den gesetzlichen Anstrengungen an, das heißt, der Versuch, durch eigenes Tun im Herzen Gottes Liebe gegen sich zu erzeugen. Dabei vergißt man in der eigenen Torheit völlig, daß alle Liebe ja von Gott kommt und keinen anderen Ursprung haben kann.

> »Denn kaum wird jemand für einen Gerechten sterben; denn für den Gütigen möchte vielleicht jemand auch zu sterben wagen. Gott aber erweist seine Liebe gegen uns darin, daß Christus, als wir noch Sünder waren, für uns gestorben ist« (Römer 5,7-8).

Ein Prinzip der Liebe besteht darin, daß sie aufgrund der Liebe liebt, nicht weil der Gegenstand ihrer Liebe etwa liebenswert wäre. Wir kennen Mütter, die Kinder ohne eine einzige liebenswerte Qualität mit Liebe überhäufen. Eines meiner Kinder sagte einmal reumütig, nachdem es sehr böse gewesen war: »Ach Mutter, wie kannst du nur ein solch böses Mädchen wie mich liebhaben.« Ich antwortete: »Kind, das kannst du nicht verstehen. Ich liebe dich nicht, weil du bist, wie du bist, sondern weil ich bin, was ich bin. Ich bin deine Mutter und ich liebe dich, weil ich ein Mutterherz habe. Ich habe dich immer lieb, ganz gleich, was du tust. Ich liebe nicht deinen Ungehorsam, sondern dich.«

> »Nicht weil ihr mehr wäret als alle Völker, hat der HERR sich euch zugeneigt und euch erwählt – ihr seid ja das geringste unter allen Völkern –, sondern wegen der Liebe des HERRN zu euch, und weil er den Eid hielt, den er euren Vätern geschworen, hat der HERR euch mit starker Hand herausgeführt und dich erlöst aus dem Sklavenhaus, aus der Hand des Pharao, des Königs von Ägypten« (5. Mose 7,7-8).

Der Herr liebt uns nicht wegen unserer Tugenden, Taten oder Fähigkeiten. Er hat uns lieb, weil Sein Gesetz der Liebe es so will. Er liebt alles, was Er geschaffen hat. Er kann gar nicht anders, als uns lieben. Gottes Liebe zu uns fließt aus Seinem göttlichen Herzen so frei und unverdient, wie die Liebe der Mutter zu ihrem kleinen hilflosen Kind. Das Gesetz der Liebe besteht darin, daß die Liebe nichts anderes tut als lieben.

> »Dem, der uns liebt und uns von unseren Sünden gewaschen hat in seinem Blut« (Offenbarung 1,5b).

Man beachte die Reihenfolge hier. Erst hat Er geliebt, dann gewaschen. Er liebt uns nicht, weil wir gewaschen waren, sondern Er hat uns gewaschen, weil Er uns liebte. Das ist das Gesetz der Liebe.

Nehmen wir an, ein Kind wird entführt. Die Entführer leben in Schmutz, Armut und Lumpen, und das Kind wächst bei ihnen auf. Eines Tages entdeckt die Mutter auf der Straße ihr Kind, zerlumpt, schmutzig und wild. Würde sie sich wohl angeekelt zurückziehen und sagen: Ein solch schmutziges Kind wie dieses kann ich nicht liebhaben? Würde sie verlangen, daß es sich erst wäscht, damit sie es liebhaben kann? Nein, nein. Wir Mütter wissen, daß wir nie so handeln könnten. Wir würden zu unserem Kind laufen und es in die Arme nehmen und nicht mehr hergeben, ob es nun schmutzig ist oder nicht. Wir würden es mit nach Hause nehmen, es waschen und kleiden. Vielleicht würden wir uns wohler fühlen, nachdem es gewaschen ist, aber unsere Liebe würde dadurch nicht größer oder tiefer.

Ein weiteres Prinzip der Liebe ist, daß sie nie aufhört. Sie hat keinen Anfang, also kann sie auch kein Ende haben. Das ist leider wenig bekannt. Darum sind viele Leute im geheimen überzeugt, sie müßten Gott zuerst lieben, damit Er sie wiederlieben kann. Daraus erwächst dann die Überzeugung, daß Gott aufhört, sie zu lieben, sobald sie Ihn betrüben. Sie betrachten Gottes Liebe fälschlicherweise als bedingt, veränderlich und zweifelhaft. Darum zweifeln sie dauernd, ob sie Seine Liebe noch besitzen oder nicht.

»Hierin ist die Liebe: nicht daß wir Gott geliebt haben, sondern daß er uns geliebt und seinen Sohn gesandt hat als eine Sühnung für unsere Sünden« (1. Johannes 4,10).

»Furcht ist nicht in der Liebe, sondern die vollkommene Liebe treibt die Furcht aus, denn die Furcht hat Pein. Wer sich aber fürchtet, ist nicht vollendet in der Liebe« (1. Johannes 4,18).

Sobald wir die echte Liebe Gottes erkennen, gibt es für uns keinen Augenblick der Furcht mehr, auch wenn die Situation noch so gefährlich und finster aussieht. Es gibt keine Furcht in der Liebe. Furcht hat einfach keinen Platz in der Liebe. Das ist das Gesetz der Liebe.

In 1. Korinther 13 haben wir eine wunderbare Beschreibung des Gesetzes der Liebe.

Die Liebe ist langmütig.
Die Liebe ist gütig.
Die Liebe kennt keinen Neid.
Die Liebe rühmt sich nicht selbst.
Die Liebe ist nicht überheblich.
Die Liebe benimmt sich nicht unanständig.
Die Liebe sucht nicht das Ihre.
Die Liebe läßt sich nicht erbittern.
Die Liebe rechnet Böses nicht zu.
Die Liebe freut sich nicht über die Ungerechtigkeit.
Die Liebe freut sich mit der Wahrheit.
Die Liebe erträgt alles.
Die Liebe glaubt alles.
Die Liebe hofft alles.
Die Liebe erduldet alles.
Die Liebe vergeht niemals.

Diese Art von Liebe ist niemals selbstsüchtig!

Wenden wir jedes dieser Prinzipien nun in zweifacher Weise an: 1) in bezug auf Gottes Beziehung zu uns, 2) in bezug auf unsere Beziehung zu den Menschen.

> »Ein neues Gebet gebe ich euch, daß ihr einander liebt, damit, wie ich euch geliebt habe, auch ihr einander liebt. Daran werden alle erkennen, daß ihr meine Jünger seid, wenn ihr Liebe untereinander habt« (Johannes 13,34-35).

Wir alle haben ein Idealbild davon, wie die Liebe zwischen Menschen aussehen sollte, und wir haben das Gefühl, verdammt zu werden, wenn wir unseren eigenen Maßstäben nicht gerecht werden. Wenn wir einander lieben sollen, wie Christus uns liebt, dann muß auch Christus uns lieben, wie wir einander lieben sollen. Mit anderen Worten, das Gesetz der Liebe verlangt von Gott dasselbe wie von uns. Dieselbe Verpflichtung, die ich in bezug auf die Liebe meinen Geschwistern gegenüber habe, hat Gott mir gegenüber. Das ist viel schwerwiegender als es zunächst den Anschein hat. Die meisten unserer Schwierigkeiten rühren wohl aus falschen Ansichten über die Liebe Gottes. Da nehmen wir unsere schlimmsten Charaktereigenschaften, wie Selbstsucht, Ungeduld, Verdächtigungen, Kritik, und benutzen sie als Schlüssel zum Wesen Gottes, statt daß wir unsere besten Seiten nehmen, wie Liebe, Selbstaufopferung und Geduld. So verdrehen wir alle Prinzipien der Liebe und interpretieren Gott völlig falsch, obwohl Er die Liebe in Person ist.

Die Liebe besteht unter anderem aus Langmütigkeit und Güte. Manche begreifen dieses Gesetz auf menschlicher Ebene und sind ein Leben lang langmütig und geduldig gegen ihre Mitmenschen. Aber Gott unterstellen sie, daß Er nicht langmütig sein könne, daß Er kurzen Prozeß macht mit unserer Sünde und unseren schlechten Seiten. Sie bedenken gar nicht, daß dies bei Gott, der die

Liebe ist, nach dem Gesetz der Liebe völlig unmöglich ist.

Die Liebe läßt sich nicht leicht erbittern und rechnet das Böse nicht zu. Sie erträgt alles, glaubt alles, hofft alles und erduldet alles. Wir Mütter verstehen dieses Prinzip besonders gut. Wir denken immer gut von unseren Kindern, glauben, hoffen und ertragen alles bis ans Ende unseres Lebens. Wenn das Kind böse ist, sagen wir: »Armes Kind, es ist krank.« Oder: »Armer Junge, die Versuchung war zu stark für ihn.« Aber dieselbe Mutter, die ihr Kind entschuldigt, denkt vielleicht von Gott, daß Er stets ein scharfes Auge hat für die kleinste Unvollkommenheit in ihr und daß Er ihre Motive so negativ wie möglich sieht und Böses von ihr denkt, selbst wenn sie es wirklich gut gemeint hat.

Ein weiteres Gesetz der Liebe ist, daß sie nie vergeht. Alles andere ist vergänglich und versagt im kritischen Augenblick, aber die Liebe nie. Nichts überrascht sie; nichts ermüdet sie; nichts überwindet sie. Sie überwindet alles, sie nimmt alles in ihre Arme.

> »Mächtige Wasser sind nicht in der Lage, die Liebe auszulöschen, und Ströme schwemmen sie nicht fort. Wenn einer den ganzen Besitz seines Hauses für die Liebe geben wollte, man würde ihn nur verachten« (Hohelied 8,7).

Wir sind überzeugt, daß eine arme Mutter oft eine solch starke Liebe hat. Sind wir genauso überzeugt, daß Gott so liebt? Könnte uns noch irgend etwas Sorgen machen, wenn wir das tatsächlich glaubten?

Meine Freunde, wenn wir nur erkennen würden, mit welcher Kraft uns Gottes Liebe entgegenströmt! Wenn wir nur begreifen würden, mit welch starker Zärtlichkeit Er Seine Kinder liebt und wunderbare Dinge für sie tut, ob sie es wissen oder nicht, einfach weil es zum Gesetz der Liebe gehört, die nicht anders kann, als das allerbeste für den Geliebten zu tun. Weil Gott die Liebe ist, tut Er in diesem Augenblick für jeden von uns das Beste. So hat Er in der Vergangenheit gehandelt und so handelt Er in Zukunft. Er steht unter dem absoluten Zwang, so zu handeln, weil Er die Liebe ist. In schwierigen, schlimmen Situationen sollte uns dieses Wissen tragen. Wer das Gesetz der Liebe kennt, weiß einfach, daß alles in dieser Situation zu seinem Besten sein muß und daß alles durch Gottes starke Liebe so arrangiert wurde.

> »Wer wird uns scheiden von der Liebe Christi? Drangsal oder Angst oder Verfolgung oder Hungersnot oder Blöße oder Gefahr oder Schwert? Wie geschrieben steht: Um deinetwillen werden wir getötet den ganzen Tag; wie Schlachtschafe sind wir gerechnet worden. Aber in diesem allen sind wir mehr als Überwinder durch den, der uns geliebt hat. Denn ich bin überzeugt, daß weder Tod noch Leben, weder Engel noch Gewalten, weder Gegenwärtiges noch Zukünftiges, noch Mächte, weder Höhe noch Tiefe, noch irgendein anderes Geschöpf uns wird scheiden können von der Liebe Gottes, die in Christus Jesus ist, unserem Herrn« (Römer 8,35-39).

Wären wir doch der Liebe Gottes zu uns so gewiß! Ich weiß, wir sind arme, schwache, versagende Geschöpfe, und wir ekeln uns selbst oft an. Dann folgern wir, Gott müsse genauso über uns denken. Aber solche Gedanken sollten wir gar nicht erst aufkommen lassen. Das entspricht weder der Mutterliebe noch der Liebe Gottes. Nichts kann die Liebe von ihrem geliebten Objekt trennen. Ein Gesetz der Liebe besteht darin, daß sie durch die Bedürftigkeit des Geliebten nur noch inniger wird, nicht weniger. Die Liebe nimmt die Sünden und Schmerzen des Geliebten auf sich. Sie kann gar nicht anders.

»Nicht Bote noch Engel – er selbst hat sie gerettet. In seiner Liebe und in seinem Erbarmen hat er sie erlöst. Und er hob sie auf und trug sie alle Tage der Vorzeit« (Jesaja 63,9).

Welch ein wunderbarer Gott wird uns hier offenbart! Haben wir Ihm je dafür Anerkennung gezollt?

Nachdem wir das Gesetz der Liebe in bezug auf Gottes Beziehungen zu uns betrachtet haben, wollen wir es nun in seiner Anwendung auf unsere Beziehungen zueinander betrachten.

»Seid nun Nachahmer Gottes als geliebte Kinder! Und wandelt in Liebe, wie auch der Christus euch geliebt und sich selbst für uns hingegeben hat als Gabe und Schlachtopfer, Gott zu einem duftenden Wohlgeruch« (Epheser 5,1-2). Siehe auch Johannes 15,12 und 1. Johannes 4,11-12.

Alles, was wir über das Gesetz der Liebe gesagt haben, gilt auch hier. Wir müssen »in Liebe wandeln, wie auch der Christus euch geliebt hat«. Hier ist das Wörtchen »wie« von größter Bedeutung. Wissen wir aus Erfahrung, was damit gemeint ist?

»Wer sagt, daß er im Licht sei, und haßt seinen Bruder, ist in der Finsternis bis jetzt.

Wer seinen Bruder liebt, bleibt im Licht, und nichts Anstößiges ist in ihm. Wer aber seinen Bruder haßt, ist in der Finsternis und wandelt in der Finsternis und weiß nicht, wohin er geht, weil die Finsternis seine Augen verblendet hat« (1. Johannes 2,9-11). Siehe auch 1. Johannes 3,10-15.

Schlagen wir noch einmal die 16 Gesetze der Liebe auf, die uns in 1. Korinther 13,4-8 gegeben sind, und prüfen wir unsere Liebe füreinander an diesem Maßstab. Denn es ist offensichtlich, daß diese Liebe eine überaus wichtige Sache im geistlichen Leben ist. »Wer nicht liebt, bleibt im Tod.« Wer von uns kann sagen, daß er wirklich liebt, gemessen am Maßstab der Liebe Gottes?

Aus Gottes Perspektive sind alle anderen Gnaden und Gaben nur in Verbindung mit der Liebe wertvoll. »Wenn ich in den Sprachen der Menschen und der Engel rede, aber keine Liebe habe, so bin ich ein tönendes Erz geworden oder eine schallende Zimbel« (1. Korinther 13,1). Was ist mit all den wunderbaren Predigten, die mit lieblosem Herzen vorgetragen wurden oder mit den geschliffenen Vorträgen, die aus einem bitteren Mund kamen?

Aber das ist noch nicht alles. »Und wenn ich Weissagung habe und alle Geheimnisse und alle Erkenntnis weiß und wenn ich allen Glauben habe, so daß ich Berge versetze, aber keine Liebe habe, so bin ich nichts« (1. Korinther 13,3). Was ist von den vielen karitativen Werken und dem sogenannten Martyrium von Christen zu halten, die sich vornehmlich damit beschäftigen, andere zu richten, statt sie zu lieben?

Es ist nutzlos, dieser Frage auszuweichen, lieber Leser. Entweder wir lieben unsere Geschwister mit dieser göttlichen, selbstlosen Liebe, oder wir sind nichts als »tönendes Erz und eine schallende Zimbel«.

Das ist noch nicht alles. Wir sollen nicht nur unsere Brüder lieben.

> »Ihr habt gehört, daß gesagt ist: Du sollst deinen Nächsten lieben und deinen Feind hassen. Ich aber sage euch: Liebt eure Feinde, und betet für die, die euch verfolgen, damit ihr Söhne eures Vaters seid, der in den Himmeln ist; denn er läßt seine Sonne aufgehen über Böse und Gute und läßt regnen über Gerechte und Ungerechte. Denn wenn ihr liebt, die euch lieben, welchen Lohn habt ihr? Tun nicht auch die Zöllner dasselbe? Und wenn ihr allein eure Brüder

grüßt, was tut ihr Besonderes? Tun nicht auch die von den Nationen dasselbe? Ihr nun sollt vollkommen sein, wie euer himmlischer Vater vollkommen ist« (Matthäus 5,43-48).

Die Vollkommenheit, von der hier die Rede ist, ist die vollkommene Liebe. Wir sollen unsere Feinde lieben, damit wir »Kinder unseres Vaters« sein können, denn Er liebt Seine Feinde. Diese Ermahnung des Herrn wäre natürlich sinnlos, wenn Gott nicht selbst Seine Feinde lieben würde. Meines Erachtens gibt es in der ganzen Bibel keine gewaltigere Erklärung über Gottes universelle Liebe zur ganzen Menschheit, selbst zu denen, die Seine Feinde sind, als diese Stelle. Ich soll meine Feinde lieben, weil Gott Seine Feinde liebt. Wenn Er Seine Feinde nicht liebt, brauche ich auch meine nicht zu lieben. Das ist sonnenklar.

Dies sei aber nur am Rande bemerkt. Die Kernaussage dieser Stelle ist: Wenn ich vollkommen sein will nach den Maßstäben, die Gott sich gesetzt hat, muß ich lieben. Die Liebe ist der Prüfstein.

»Geliebte, laßt uns einander lieben, denn die Liebe ist aus Gott; und jeder, der liebt, ist aus Gott geboren und erkennt Gott. Wer nicht liebt, hat Gott nicht erkannt, denn Gott ist Liebe. Geliebte, wenn Gott uns so geliebt hat, sind auch wir schuldig, einander zu lieben. Niemand hat Gott jemals gesehen. Wenn wir einander lieben, bleibt Gott in uns, und seine Liebe ist in uns vollendet. Hieran sind offenbar die Kinder Gottes und die Kinder des Teufels: Jeder, der nicht Gerechtigkeit tut, ist nicht aus Gott, und wer nicht seinen Bruder liebt. Denn dies ist die Botschaft, die ihr von Anfang an gehört habt, daß wir einander lieben sollen. Nicht wie Kain sollen wir sein, der aus dem Bösen war und seinen Bruder ermordete. Und weshalb ermordete er ihn? Weil seine Werke böse waren, die seines Bruders aber gerecht. Wundert euch nicht, Brüder, wenn die Welt euch haßt. Wir wissen, daß wir aus dem Tod in das Leben hinübergegangen sind, weil wir die Brüder lieben; wer nicht liebt, bleibt im Tod. Jeder, der seinen Bruder haßt, ist ein Menschenmörder, und ihr wißt, daß kein Menschenmörder ewiges Leben bleibend in sich hat. Hieran haben wir die Liebe erkannt, daß er für uns sein Leben hingegeben hat; auch wir sind schuldig, für die Brüder das Leben hinzugeben« (1. Johannes 4,7-8.11-12; 3,10-16).

Wenn wir so lieben würden, lebten wir im Sieg. Die Liebe ist so unwiderstehlich wie Dynamit. Nichts kann ihrer Kraft widerstehen. Der brutalste Feind und der verhärtetste Sünder muß sich vor ihr beugen.

Ich hörte einmal von einer Frau, die sich wie wild aufführte. Niemand traute sich, ihr nahezukommen. Es war lebensgefährlich. So ging keiner ohne Schießwaffe in ihre Zelle. Aber eine christliche Frau, die die Sünder liebte, ging ohne Waffe zu ihr. Sie hatte nur Worte und Blicke der Liebe für sie. Sie beugte sich über die Frau, die wie ein Tiger in der Ecke lag, sprungbereit. Die Frau küßte sie auf die Stirn und sagte: »Meine liebe Schwester«. In diesem Augenblick öffneten sich die Quellen dieses armen Sünderherzens, und die Frau weinte viele Tränen und schluchzte in bußfertiger Angst. Sie wurde durch die Liebe gerettet.

Hin und wieder bekomme ich eine Ahnung, wie wunderbar das Leben wäre, wenn wir nach diesem Gesetz lebten. Wie ruhig wären wir in Gott und wie kräftig wäre unser Wirken unter den Menschen! Gott schenke uns, daß wir dieses Gesetz der Liebe entdecken, begreifen und leben!

Kapitel 16

Das Gesetz der Gerechtigkeit

»Was wollen wir nun sagen? Daß die Nationen, die nicht nach Gerechtigkeit strebten, Gerechtigkeit erlangt haben, eine Gerechtigkeit aber, die aus Glauben ist; Israel aber, das einem Gesetz der Gerechtigkeit nachstrebte, ist nicht zum Gesetz gelangt« (Römer 9,30-31).

Das Gesetz der Gerechtigkeit ist für das Christsein im Alltag ungeheuer wichtig. Aber auch hier fehlt oft das nötige Verständnis bzw. gibt es viele Mißverständnisse. Die meisten vermuten zwar, daß Gerechtigkeit im geistlichen Leben ein absolutes Muß ist, nicht nur sonntags, sondern jeden Tag, und jedes Kind Gottes müht sich darum. Doch viele erreichen das Ziel nicht und stellen sich bitter die Frage, die sich die Israeliten in unserem Text gestellt haben: »Warum?«

> »Warum? Weil es nicht aus Glauben, sondern als aus Werken geschah. Sie haben sich gestoßen an dem Stein des Anstoßes, wie geschrieben steht: Siehe ich lege in Zion einen Stein des Anstoßes und einen Fels des Ärgernisses, und wer an ihn glaubt, wird nicht zuschanden werden« (Römer 9,32-33).

»Weil es nicht aus Glauben geschah.« Eine unmißverständliche Antwort. Das Gesetz der geistlichen Gerechtigkeit basiert auf dem Glauben und kann in keiner anderen Weise erlangt werden. Gute Werke, ganz gleich wie viele, können keine Heiligkeit bewirken. Durch äußeres Tun gelangt die Seele niemals in das innere Heiligtum der Gerechtigkeit Gottes. Warum? Weil Gottes Gerechtigkeit Seinem Wesen entspringt. Auch hier gilt: äußeres Tun kann kein Leben hervorbringen. Es kann dies höchstens offenbaren. Gott ist nicht gerecht weil Er gerechte Taten vollbringt, sondern Er handelt gerecht, weil Er gerecht ist. Das ist der wesentliche Unterschied zwischen der Gerechtigkeit aus Glauben und der Gerechtigkeit aus Werken. Letztere ist eine Gerechtigkeit, die äußerlich angezogen wird; erstere entspringt dem inneren Lebensprinzip. Die eine besteht aus Werken, die andere aus Frucht.

> »Denn ich sage euch: Wenn nicht eure Gerechtigkeit vorzüglicher ist als die der Schriftgelehrten und Pharisäer, so werdet ihr nicht in das Reich der Himmel eingehen« (Matthäus 5,20).

> »Wehe euch, Schriftgelehrte und Pharisäer, Heuchler! Denn ihr verzehntet die Minze und den Anis und den Kümmel und habt die wichtigeren Dinge des Gesetzes beiseite gelassen: Das Gericht und die Barmherzigkeit und den Glauben; diese hättet ihr tun und jene nicht lassen sollen. Ihr blinden Führer, die ihr die Mücke seiht, das Kamel aber verschluckt! Wehe euch, Schriftgelehrte und Pharisäer, Heuchler! Denn ihr reinigt das Äußere des Bechers und der Schüssel, inwendig aber sind sie voller Raub und Unenthaltsamkeit. Blinder Pharisäer! Reinige zuerst das Inwendige des Bechers, damit auch sein Auswendiges rein werde. Wehe euch, Schriftgelehrte und Pharisäer, Heuchler! Denn ihr gleicht übertünchten Gräbern, die von außen zwar schön scheinen, inwendig aber voll von Totengebeinen und aller Unreinigkeit sind. So scheint auch ihr von außen zwar gerecht vor den Menschen, von innen aber seid ihr voller Heuchelei und Gesetzlosigkeit« (Matthäus 23,23-28).

Keine Sünde wird in der Bibel so schrecklich gerichtet, wie das menschliche Bemühen, innere Gerechtigkeit des Seins mit äußerer Gerechtigkeit des Tuns zu ersetzen. Ein Mensch mag äußerlich überaus gerecht erscheinen. Wenn aber sein inneres Lebensprinzip aus Erpressung und Ausschweifung besteht, ist auch sein Tun nicht gerecht. Das Gesetz der geistlichen Gerechtigkeit geht über das Sichtbare hinaus. Um echt zu sein, muß sie innerlich sein, nicht ausschließlich innerlich, sondern zuerst innerlich, bevor sie sich nach außen zeigt.

> »Sondern das ist der Bund, den ich mit dem Haus Israel nach jenen Tagen schließen werde, spricht der HERR: Ich werde mein Gesetz in ihr Inneres legen und werde es auf ihr Herz schreiben. Und ich werde ihr Gott sein, und sie werden mein Volk sein« (Jeremia 31,33).

> »Denn der HERR sieht nicht auf das, worauf der Mensch sieht. Denn der Mensch sieht auf das, was vor Augen ist, aber der HERR sieht auf das Herz« (1. Samuel 16,7b).

Selbst auf natürlicher Ebene kennen wir den Unterschied zwischen äußerem Schein und innerer Wirklichkeit. Wir schätzen z. B. Freundschaftsdienste nur als Äußerung freundschaftlicher Gefühle. Rein äußerliches Tun lehnen wir ab. Solche Menschen sind uns unangenehm. Können wir verstehen, wie Gott reagiert, der das Innere des Menschen kennt, wie sonst niemand?

Wir täuschen uns, wenn wir meinen, äußerliche Gerechtigkeit würde Gott genügen oder uns irgendwie nützen. Nichts sonst wurde vom Herrn so gründlich verurteilt und von den Aposteln so verabscheut. Wenn es je einen Menschen gab, der sich äußerer Gerechtigkeit hätte rühmen können, so war es Paulus. Eifrig und treu in allem, was die Religion von ihm verlangte, konnte er sogar von sich sagen, er sei der Gerechtigkeit dem Gesetz gegenüber ohne Schuld. Aber nachdem er mit der Realität wahrer innerer Gerechtigkeit in Christus konfrontiert wurde, erachtete er alle äußere Gerechtigkeit als Dreck, damit er Christus gewönne und in Seiner Gerechtigkeit erfunden würde (Siehe Philipper 3,4-9).

Paulus hatte gelernt, daß nur die »Gerechtigkeit, die aus Gott durch den Glauben« kommt, die Sehnsucht seiner erwachten geistlichen Natur befriedigen konnte. Diese Lektion muß jedes Gotteskind lernen. Kein Ersatz kann die Seele befriedigen. Keine Routine äußeren Tuns. Kein Ablegen schlechter Gewohnheiten und Zulegen guter Gewohnheiten. Keine Pflichtübungen nach bestem Wissen und Gewissen. Kein Erfüllen aller Bedingungen. Nachdem wir das alles getan haben, sind wir immer noch unzufrieden. Warum? Weil wir spüren, daß die Gerechtigkeit des Reiches Gottes solch äußerlicher Gerechtigkeit überlegen sein muß. Wir sehnen uns nach der inneren Realität, ohne die alles andere nur äußere Show bleibt.

> »Brüder! Das Wohlgefallen meines Herzens und mein Flehen für sie zu Gott ist, daß sie errettet werden. Denn ich gebe ihnen Zeugnis, daß sie Eifer für Gott haben, aber nicht mit rechter Erkenntnis. Denn da sie Gottes Gerechtigkeit nicht erkannten und ihre eigene aufzurichten trachteten, haben sie sich der Gerechtigkeit Gottes nicht unterworfen« (Römer 10,1-3).

Lieber Leser, was ist deine eigene Erfahrung in dieser Sache? Wie steht es mit deinem »Eifer für Gott«? Ist er gepaart mit rechter Erkenntnis? Oder trifft das Urteil über Israel auch dich? Bist du enttäuscht, daß Gerechtigkeit, Friede und Freude im Heiligen Geist, die du dir bei deiner Bekehrung erhofft hattest, nie wirklich Teil deines neuen Lebens geworden sind? Gibt es nicht schwerwiegende Mängel in deinem geistlichen Leben, die du dir nicht erklären kannst? Die Stelle aus Römer 10 ist vielleicht die Erklärung. Hast du versucht, deine eigene Gerechtigkeit aufzurichten, statt dich unter die Gerechtigkeit Gottes zu beugen?

»Denn Christus ist des Gesetzes Ende, jedem Glaubenden zur Gerechtigkeit.« Christus ist das Ende aller eigenen Anstrengungen, gerecht zu werden. Christus steht nicht am Ende deiner Bemühungen, sondern Er ist selbst das Ende. Denn Er ist unsere Gerechtigkeit. Das heißt, das Leben Christi in der Seele ist das gerechte Leben, das durch seine innere Kraft nach außen wirkt und so allem Erwirkenwollen eigener Gerechtigkeit ein Ende setzt. Wir müssen nicht einmal versuchen, von Christi Gerechtigkeit Besitz zu nehmen, denn Seine Gerechtigkeit nimmt durch Sein Leben Besitz von uns. Wir werden von innen, nicht von außen, erneuert.

Die Gerechtigkeit Gottes wirkt in uns durch das Gesetz des Glaubens. Dieses Gesetz hast du in Anspruch genommen in bezug auf die Vergebung deiner Sünden. Es war dir klar, daß du alle gesetzlichen Anstrengungen unterlassen mußt, weil sie dir die Vergebung weder verdienen noch erkaufen können. Du hast einfach im Vertrauen auf Jesus Christus das Geschenk der Vergebung angenommen. Aber in bezug auf Gerechtigkeit hast du vielleicht gedacht, daß du dich selbst anstrengen mußt. Beachte im folgenden Vers die Wörter *wie* und *so*: »*Wie* ihr nun den Christus Jesus, den Herrn, empfangen habt, *so* wandelt in ihm« (Kolosser 2,6). Du hast Ihn durch Glauben allein empfangen und du mußt auch im Glauben allein wandeln.

> »Ich bin mit Christus gekreuzigt, und nicht mehr lebe ich, sondern Christus lebt in mir; was ich aber jetzt im Fleisch lebe, lebe ich im Glauben, und zwar im Glauben an den Sohn Gottes, der mich geliebt und

sich selbst für mich hingegeben hat. Ich mache die Gnade Gottes nicht ungültig; denn wenn Gerechtigkeit durch Gesetz kommt, dann ist Christus umsonst gestorben« (Galater 2,20-21).

Wir sind in Christus lebendig geworden. So müssen wir von einem Augenblick zum anderen in Christus leben bleiben. Versuchungen brauchen wir nicht selbst zu überwinden. Eigene Anstrengungen und gute Vorsätze bringen uns sowieso nicht weiter. Wir können die Versuchungen einfach dem Herrn überlassen und uns in Ihm verbergen, wie in einer Festung, denn Er ist unser Zufluchtsort. Ein alter Bruder betete: »Herr, du hast gesagt, daß Sünde keine Macht über dein Volk hat. Ich glaube, was du da sagst. Dein Wort kann nicht gebrochen werden. Darum verlasse ich mich auf deine Treue, die mich Hilflosen aus der Macht der Sünden rettet, die mich jetzt versuchen. Zeige deine Macht, o Herr Christus, indem du mein Fleisch unterjochst mit all seinen Neigungen und Lüsten.« Wir überlassen unsere Versuchungen einfach dem Herrn und glauben, daß Er uns daraus befreit. Wir schauen einfach zu, wie Er kämpft und sie besiegt. Dann werden wir zu unserer unsagbaren Freude erleben, wie Er nach Seinem Wort befreit. Der Feind flieht vor dem Herrn, und die Seele überwindet alles durch Ihn.

Das ist das Gesetz der Gerechtigkeit Gottes im Bund der Gnade. Die Gerechtigkeit des alten Bundes war anders. Sie fing am anderen Ende an. Sie stellte die Werke an den Anfang und das Leben ans Ende, als Resultat der Werke. Der neue Bund stellt das Leben an den Anfang und die Werke ans Ende, als Ergebnis des Lebens. Der alte Bund sagte: Tu das und du wirst leben. Der neue sagt: Lebe und dann wirst du tun. Der alte Bund war ein von außen auferlegtes Gesetz. Der neue Bund ist ein ins Herz geschriebenes Gesetz.

»Denn dies ist der Bund, den ich mit dem Haus Israel nach jenen Tagen schließen werde, spricht der Herr: Meine Gesetze gebe ich in ihren Sinn und werde sie auch auf ihre Herzen schreiben; und ich werde ihnen Gott und sie werden mir Volk sein. Und nicht werden sie ein jeder seinen Mitbürger und ein jeder seinen Bruder lehren und sagen: Erkenne den Herrn! Denn alle werden mich kennen, vom Kleinen bis zum Großen unter ihnen. Indem er von einem neuen Bund spricht, hat er den ersten für veraltet erklärt; was aber alt ist und sich überlebt hat, ist dem Verschwinden nahe« (Hebräer 8,10-11.13).

Wenn Gerechtigkeit im Bund der Werke möglich gewesen wäre, wäre kein neuer Bund notwendig gewesen. Das war aber nicht möglich. Nicht weil Gott es willkürlich verhinderte, sondern weil das Leben die Werke hervorbringen muß, wie wir gesehen haben. Die Werke können niemals Leben hervorbringen. Das göttliche Gesetz der Gerechtigkeit basiert daher ausschließlich auf dem Glauben. Mose beschreibt die Gerechtigkeit, die aus dem Gesetz ist:

»Der Mensch, der diese Dinge getan hat, wird durch sie leben. Die Gerechtigkeit aus Glauben aber sagt so: Sprich nicht in deinem Herzen: Wer wird in den Himmel hinaufsteigen? das ist: Christus herabführen; oder: Wer wird in den Abgrund hinabsteigen? das ist: Christus aus den Toten heraufführen, sondern was sagt sie? Das Wort ist dir nahe, in deinem Mund und in deinem Herzen.

Das ist das Wort des Glaubens, das wir predigen, daß, wenn du mit deinem Mund Jesus als Herrn bekennen und in deinem Herzen glauben wirst, daß Gott ihn aus den Toten auferweckt hat, du errettet werden wirst. Denn mit dem Herzen wird geglaubt zur Gerechtigkeit, und mit dem Mund wird bekannt zum Heil« (Römer 10,5-10).

Hier kommt klar zum Ausdruck, was unter der Gerechtigkeit des Glaubens zu verstehen ist. »Mit dem Herzen wird geglaubt zur Gerechtigkeit.« »Mit dem Herzen«, das heißt, mit dem inneren Menschen. Wenn der innere Mensch eine Haltung des Glaubens gegenüber der Gerechtigkeit einnimmt, wird er tatsächlich gerecht. So funktioniert das Gesetz der Gerechtigkeit. Das Herz des Menschen glaubt zur Gerechtigkeit. Durch Glauben sind wir der Sünde gestorben. Durch Glauben leben wir der Gerechtigkeit. Durch Glauben legen wir den alten Menschen ab. Durch Glauben legen wir den neuen Menschen an. Wir kehren dem Selbst und all seinen Werken den Rücken und erlauben Christus, in uns zu wirken.

»So auch ihr, haltet euch der Sünde für tot, Gott aber lebend in Christus Jesus. So herrsche nun nicht die Sünde in eurem sterblichen Leib, daß er seinen Lüsten gehorche; stellt auch nicht eure Glieder der Sünde zur Verfügung als Werkzeuge der Ungerechtigkeit, sondern stellt euch selbst Gott zur Verfügung als Lebende aus den Toten und eure Glieder Gott zu Werkzeugen der Gerechtigkeit. Denn die Sünde wird nicht über euch herrschen, denn ihr seid nicht unter Gesetz, sondern unter Gnade« (Römer 6,11-14).

Zwei Worte offenbaren uns die Funktion des Gesetzes der Gerechtigkeit: halten und zur Verfügung stellen. Das sollen wir tun, Gott tut den Rest. Darin besteht unsere Glaubenshaltung.

Eine Mutter erzählte mir folgende Geschichte. Ihr Kind war sieben Jahre alt und die Mutter war der Meinung, das Mädchen sei Christ. Es hatte einen schlichten, aber echten Glauben an den Erlöser. Manchmal war es jedoch recht ungezogen. Eines Abends sagte es beim Zubettgehen zur Mutter: »Mutter, warum bin ich manchmal so ungezogen? Ich bin doch ein Schäfchen Jesu und ich dachte, Seine Schäfchen wären immer folgsam. Ich strenge mich oft so an, aber ich kann einfach nicht immer gut sein.«

Die Mutter kannte das Gesetz der Gerechtigkeit und sagte: »Der Grund liegt darin, Liebling, daß du mit eigener Kraft versuchst, gut zu sein, statt daß du dem Herrn vertraust, dich gut zu machen.«

»Natürlich tu ich das,« meinte das Kind. »Anders kann man doch gar nicht gut sein. Man muß sich doch anstrengen.«

»Nein, nein«, sagte die Mutter, »so geht das nicht. So kannst du nie gut sein. Du sollst Jesus vertrauen, daß Er dich gut macht.«

»Das glaube ich gar nicht«, sagte das Kind ärgerlich. »Ich glaube, man muß sich vornehmen, gut zu sein, und sich dann sehr anstrengen.«

Die Mutter versuchte, das Gesetz der Gerechtigkeit zu erklären und erinnerte das Mädchen daran, daß es doch schon alles versucht hatte, gut zu sein, daß es aber nicht geklappt hatte. Doch alles war vergebens. Das Mädchen beharrte darauf, es wisse schon selber, wie man gut sein könne, wenn man sich nur genug anstrenge. Es war überzeugt, das war der richtige Weg.

Die Mutter dachte kurz nach und schlug dann vor: »Also gut, Liebling, wenn du einen ganzen Monat lang aus eigener Anstrengung gut sein kannst, gebe ich dir hundert Mark.« Das Kind war hoch erfreut und nahm das Angebot der Mutter eifrig an. »Morgen fange ich damit an«, rief es voller Freude. »Und ich weiß ganz genau, ich werde jeden Augenblick gut sein, denn ich habe es mir fest vorgenommen.«

Am nächsten Morgen war das Mädchen schon früh wach und rief eifrig vom Bett aus: »Mutter, heute fange ich an, gut zu sein. Bitte schreibe auf, welcher Tag heute ist, damit wir später abrechnen können.« Das tat die Mutter. Nach einigem Nachdenken meinte das Mädchen: »Aber bitte, Mutter, niemand darf mich ärgern.« Das wurde versprochen, und der Tag fing an.

Nach etwa zehn Minuten gab es kein ungezogeneres Mädchen in der ganzen Nachbarschaft. Den ganzen Tag und den nächsten und den übernächsten hielt dieses Benehmen an. Die Mutter sagte nichts; sie erwartete, daß der Heilige Geist ihr Kind lehren würde. Am dritten Tag, als die Mutter das Mädchen zu Bett brachte, rief es aus: »Endlich bin ich geheilt, Mutter.« »Geheilt?« sagte die Mutter, »von was?«

»Geheilt vom Gutsein durch eigene Anstrengungen«, antwortete das Kind. »Es klappt überhaupt nicht. Ich habe mich wirklich sehr angestrengt, und ich konnte einfach nicht gut sein. Und überhaupt«, fügte es hinzu, »ich habe auch gemerkt, daß ich außen gut sein kann, aber nicht innen. Das nützt doch überhaupt nichts.«

Die Mutter dankte Gott für Seine göttliche Lektion und versicherte dem Kind, daß es nun dem Herrn vertrauen konnte, es gut zu machen, nachdem es seine eigene Hilflosigkeit kennengelernt hatte. Die Mutter erklärte ihm mit einfachen Worten, wie man das tun kann. Das kindliche Herz schien das Gesetz der Gerechtigkeit zu begreifen und überließ sich voll Vertrauen dem Herrn, daß Er es von innen gut mache. »Würdest du das bitte allen Leuten sagen, Mutter?« meinte es besorgt. »Ich bin sicher, es gibt viele Leute wie mich, die meinen, sie könnten selber gut sein. Die sollten das auch erfahren.« Beim Gute-Nacht-Kuß betete das Mädchen voll Vertrauen: »Lieber Herr, ich danke dir, daß du mich geheilt hast von der dummen Ansicht. Und wenn ich noch nicht ganz geheilt bin, dann heile mich bitte morgen früh. Amen«

Kapitel 17

Stillesein

»Denn so spricht der Herr, HERR, der Heilige Israels: Durch Umkehr und durch Ruhe werdet ihr gerettet. In Stillsein und in Vertrauen ist eure Stärke« (Jesaja 30,15).

Es liegt eine unvorstellbare Kraft in der Stille. Gott bringt Seine größten Schöpfungen in der Stille hervor. Alle lebenswichtigen Funktionen unseres Körpers geschehen in der Stille. Wenn sie anfangen, geräuschvoll zu werden, können wir sicher sein, daß etwas nicht in Ordnung ist.

Das gilt auch für geistliche Kräfte. Ihre Aktionen sind geräuschlos. Der Glaube, mächtigste aller geistlichen Kräfte, tut still sein Werk. Die neue Geburt geschieht ohne Lärm. Der Geist Gottes wirkt still in den Herzen. Er verändert die Menschen in der Stille. Auch wenn wir geschöpflichen Lärm dazu veranstalten, wirkt Gottes Geist dennoch in der Stille.

Wir sollten daher leicht verstehen können, daß Kraft in der Stille wohnt. Vielleicht erhaschen wir einen Schimmer davon an den Sonntagen unseres Lebens. Aber unsere Werktage sind voller Betriebsamkeit. Es fällt uns schon schwer, längere Zeit stillzusitzen. Wir sind es gewohnt, schnelle Ergebnisse durch gezielten Einsatz hervorzubringen. Warum sollte es auf geistlicher Ebene anders sein? Wie kann man in der Stille aktiv sein? Das ist für viele schwer verständlich. Die Quäker hatten einen treffenden Ausdruck für unsere natürliche Haltung geistlichen Dingen gegenüber. Sie nannten sie »geschöpfliches Wirken«. Damit meinten sie, daß der natürliche Mensch dazu neigt, die geistliche Sphäre mit natürlichen Mitteln in den Griff zu bekommen. Aber dort herrschen andere Gesetzmäßigkeiten. Darum bringt der Christ, der geschöpflich handelt, in geistlichen Dingen nichts zustande. »Denn ein seelischer Mensch vermag das Walten des Geistes Gottes nicht zu erfassen, es scheint ihm alles Torheit zu sein; er kann es nicht begreifen, weil es geistlich beurteilt werden muß, weil ein geistliches Urteilsvermögen dazu gehört (1.Korinther 2,14).

Eine Raupe kann nicht fliegen, weil zu den Gesetzmäßigkeiten eines Raupendaseins keine Flugkraft gehört. Da nützt alle Anstrengung nichts. Sobald diese Raupe ein Schmetterling geworden ist, fliegt sie leicht und natürlich. So kann ein natürlicher Mensch geistlich nichts ausrichten, weil es nicht seine Daseinsform ist. Nur ein geistlicher Mensch kann geistlich aktiv werden.

»Die aber, die im Fleisch sind, können Gott nicht gefallen« (Römer 8,8). Das bedeutet nicht, daß der Mensch in seinem irdischen Leib von Gott nichts empfangen könnte oder sich Gottes Gesetz nicht unterwerfen könnte, sondern daß der natürliche Mensch in uns es nicht kann, weil er zu einer anderen Daseinsweise gehört. Gleicherweise können wir durch natürliches, geschöpfliches Wirken keine geistlichen Kräfte beeinflussen, die zur anderen Daseinsweise gehören.

> »Denn obwohl wir im Fleisch wandeln, kämpfen wir nicht nach dem Fleisch; denn die Waffen unseres Kampfes sind nicht fleischlich, sondern mächtig für Gott zur Zerstörung von Festungen; so zerstören wir Vernünfteleien und jede Höhe, die sich gegen die Erkenntnis Gottes erhebt, und nehmen jeden Gedanken gefangen unter den Gehorsam Christi« (2.Korinther 10,3-5).

Geistliche Festungen können nie durch fleischliche Waffen zerstört werden. Fleischliches Tun kann keine geistlichen Veränderungen hervorrufen. Um geistlich kraftvoll zu sein, müssen wir erst geschöpfliches Wirken stillegen und unsere Aufmerksamkeit auf das Tun des Geistes richten.

> »Denn so spricht der Herr, HERR, der Heilige Israels: Durch Umkehr und durch Ruhe werdet ihr gerettet. In Stillsein und in Vertrauen ist eure Stärke. Aber ihr habt nicht gewollt. Ihr sagtet: Nein, sondern auf Pferden wollen wir fliegen, darum werdet ihr fliehen; und: Auf Rennern wollen wir reiten, darum werden eure Verfolger hinter euch herrennen. Je ein Tausend wird fliehen vor dem Drohen eines einzigen. Vor dem Drohen von Fünfen werdet ihr alle fliehen, bis ihr nur noch ein Rest seid wie eine Signalstange auf der Spitze des Berges und wie ein Feldzeichen auf dem Hügel« (Jesaja 30,15-17).

Die Israeliten konnten nicht glauben, daß in der Ruhe und Stille ihre Kraft und Befreiung lag. So geht es vielen Christen auch. Sie wollten auf Pferden fliehen und auf Rennern reiten, so wie wir irdische Mittel und geschöpfliches Tun zu unserer Befreiung einsetzen. Das brachte in keinem Fall das gewünschte Ergebnis. Die Niederlage ist uns auf diese Weise sicher. Es stimmt tatsächlich, daß der stille Weg zum Sieg führt. »Alles wird dem zuteil, der weiß, wie man vertraut und stille ist.« Diese Worte sind Dynamit. Sie zu glauben, würde uns radikal verändern. Statt uns vergebens anzustrengen und immer neue Methoden auszudenken, würden wir ruhig und vertrauensvoll vor dem Herrn sitzen und die göttlichen Kräfte Seines Geistes in der Stille für uns wirken lassen. Dann kämen wir sicher zum gewünschten Ergebnis. Sicher, du siehst bzw. spürst die Wirkungsweise dieser stillen Kraft nicht. Sie ist aber trotzdem ununterbrochen am Werk und setzt sich mächtig für dich ein, wenn dein Geist so lange still sein kann, daß er sich vom Strom dieser Kraft tragen läßt.

Nur wenn wir stillstehen, können wir die Rettung des Herrn sehen. Solange wir wild umherrennen, haben wir kein Auge für Gottes Wirken; da haben wir nur Augen für unser eigenes Wirken. Dazu kommt, daß unser geschöpfliches Tun Gottes Wirken im Weg steht, statt zu helfen. Wo fleischliche Kräfte sich breit machen, können geistliche Kräfte nichts ausrichten. Wer von Gott ganze Befreiung möchte, muß Gottes Kraft alles wirken lassen. Er darf seinem eigenen fleischlichen Tun nicht erlauben, sich einzumischen.

Viele meinen, Stillsitzen bedeute faul sein und so könne man schließlich nichts zuwege bringen. Unser Stillesitzen soll jedoch Gott Gelegenheit geben zu wirken. Naomis Rat basierte auf dem Vertrauen, das sie in Boas hatte. Sie wußte: Der Mann wird nicht ruhen, bis er die Sache heute noch zu Ende geführt hat. Auch der Herr ruht nicht, solange etwas für Sein Volk noch nicht zu Ende geführt ist.

> »Um Zions willen will ich nicht schweigen, und um Jerusalems willen will ich nicht ruhen, bis seine Gerechtigkeit hervorbricht wie Lichtglanz und sein Heil wie eine Fackel brennt« (Jesaja 62,1).

Keine Mutter kann sich zur Ruhe setzen, solange ihr Kind irgend etwas braucht. So ist es bei Gott. Aber das Kind kann stillesitzen, weil sein kleines Herz völlig darauf vertraut, daß die Mutter es versorgt. So soll es bei uns sein. Wir wissen ja, daß der Vater für uns sorgt.

Ich sage, »im Herzen stillesitzen«, denn diese Stille, von der hier die Rede ist, ist eine innere Stille. Sie kann mit äußerer Stille gekoppelt sein. Äußere Stille läßt uns innerlich oft leichter zur Ruhe kommen. Andererseits können wir unabhängig von äußerem Tun innerlich stille sein. Allerdings ist das kaum möglich, wo Hasten und Jagen herrschen, denn »wer glaubt, wird nicht ängstlich eilen« (Jesaja 28,16b). Ob nun der Leib aktiv oder ruhig ist, der Geist sollte stets von Stille umgeben sein.

»Und das Werk der Gerechtigkeit wird Friede sein und der Ertrag der Gerechtigkeit Ruhe und Sicherheit für ewig. Dann wird mein Volk wohnen an einer Wohnstätte des Friedens und in sicheren Wohnungen und an sorgenfreien Ruheplätzen« (Jesaja 32,17-19).

Es mag draußen stürmen und hageln, aber drinnen, wo der Geist wohnt, ist es still und ruhig in Gott. Diese innere Stille wirkt sich positiv auf äußeres Tun aus. Sie hindert nicht die äußere Tätigkeit, sondern macht den Menschen effektiver. Wenn ich innerlich ruhig bin, arbeite ich äußerlich viel besser, als wenn ich verärgert oder aufgeregt bin. Das ist allgemein bekannt.

Geschäftiges Treiben reibt uns auf, ermüdet uns leicht. Sehen wir doch, was geschieht, wenn wir Gottes Rat befolgen. Wenn du neue Kraft brauchst, werde erst still vor dem Herrn. Wo möglich, setze dich irgendwo still hin und sammle deine ruhelosen geistlichen Kräfte. Nimm eine Haltung des stillen Wartens auf Ihn ein. Du wirst merken, wie Seine Kraft in dich fließt. Das taten die Heiligen früherer Zeiten auch. Sie nannten es »Sammlung«, und sie gewannen auf diese Weise eine solch wunderbare geistliche Energie, daß viele sie darum beneideten.

»Alles Fleisch schweige vor dem Herrn! Denn er hat sich aufgemacht aus seiner heiligen Wohnung« (Sacharja 2,17).

»Da sprach er: Geh hinaus und stell dich auf den Berg vor den HERRN! Und siehe, der HERR ging vorüber. Da kam ein Wind, groß und stark, der die Berge zerriß und die Felsen zerschmetterte vor dem HERRN her; der HERR aber war nicht in dem Wind. Und nach dem Wind ein Erdbeben; der HERR aber war nicht in dem Erdbeben. Und nach dem Erdbeben ein Feuer, der HERR aber war nicht in dem Feuer. Und nach dem Feuer der Ton eines leisen Wehens« (1.Kön.19,11-12).

Nur im Schweigen allen Fleisches kann das leise Wehen gehört werden. Viele Christen tun sich schwer, die Stimme des Herrn zu hören, weil sie innerlich nicht zur Ruhe kommen. Unsere eigenen lauten Stimmen übertönen Sein ruhiges Reden. Wir suchen Seine Stimme im Wind, im Erdbeben, im Donner und besonders in unserem eigenen Getöse. Weil wir sie da nicht finden, beklagen wir uns. Wir sagen, Er rede überhaupt nicht. Dabei wartet Er nur darauf, daß wir stille werden, damit wir Sein leises Liebeswehen hören können. Es gibt sicher viele Christen, die sich sehr danach sehnen, die Stimme des Herrn zu hören. Ihr Wunsch ginge in Erfüllung, wenn sie nur eine kleine Weile stille vor Ihm wären.

Die Geschichte von einem kleinen betenden Mädchen hat mich sehr beeindruckt. Die Mutter befand sich im Zimmer nebenan, die Türe war einen Spalt offen. Sie hörte die Stimme ihres Kindes, das dem Herrn seine Bitten vortrug. Dann sagte es: »Und jetzt, lieber Jesus, habe ich dir alles gesagt, was ich dir sagen wollte. Jetzt will ich hören, was du mir sagen willst.« Dann kamen ein paar Augenblicke vollkommener Stille. Dann ein sanftes, zufriedenes »Danke, lieber Jesus, das war sehr lieb.« Und die Kleine rannte hinaus zum Spielen.

Könnten wir es nicht genauso machen als Erwachsene? Sicher können auch wir innerlich ruhig werden, um die leise Stimme Gottes zu hören.

»Und David sagte zu Salomo und gebot ihm, dem HERRN, dem Gott Israels, ein Haus zu bauen. Und

David sagte zu Salomo: Mein Sohn, ich selbst hatte in meinem Herzen vor, dem Namen des HERRN, meines Gottes, ein Haus zu bauen. Aber das Wort des HERRN geschah zu mir, indem er sprach: DU hast Blut in Menge fließen lassen und große Kriege geführt. Du sollst meinem Namen kein Haus bauen! Denn viel Blut hast du vor mir auf die Erde fließen lassen. Siehe, ein Sohn wird dir geboren werden, der wird ein Mann der Ruhe sein, denn ich werde ihm Ruhe schaffen vor allen seinen Feinden ringsum. Denn Salomo wird sein Name sein, und Frieden und Ruhe werde ich Israel geben in seinen Tagen. Der soll meinem Namen ein Haus bauen; und er soll mir Sohn und ich will ihm Vater sein; und ich werde den Thron seiner Königsherrschaft über Israel festigen für ewig« (1. Chronik 22,7-10).

Die Gegenwart des Herrn bewußt zu erleben, dazu braucht es innere Stille. Innere Kämpfe und Kriege erschweren uns das. Damit meine ich nicht, daß der Herr uns im Konflikt verlassen hat. Auf keinen Fall! Der Herr war mit David genauso wie mit Salomo, aber Er wollte, daß ein Mann der Ruhe Seinem Namen das Haus baue, nicht ein Mann, der in Kämpfe verwickelt war. Solange wir innerlich kämpfen, ist unsere Aufmerksamkeit abgelenkt. Darum können wir Gottes Gegenwart nicht so bewußt erleben. Dazu brauchen wir die innere Ruhe. Wir müssen also lernen, wie wir alle Angst und Furcht, alle Sorgen und Hast zum Schweigen bringen.

»Der HERR aber ist in seinem heiligen Palast. Schweige vor ihm, ganze Erde!« (Habakuk 2,20)

»Euer Schmuck sei nicht der äußerliche durch Flechten der Haare und Umhängen von Gold oder Anziehen von Kleidern, sondern der verborgene Mensch des Herzens im unvergänglichen Schmuck des sanften und stillen Geistes, der vor Gott sehr köstlich ist« (1. Petrus 3,3-4).

Ob unser aktiver Dienst dem Herrn gefällt oder nicht, hängt von unserer Motivation ab. Wir wissen aber, daß es etwas gibt, das Ihm immer gefällt: ein sanfter und stiller Geist. Dieser ist vor Gott köstlich. Ist es nicht wunderbar, daß wir dem Herrn etwas anbieten können, das Ihm sehr viel bedeutet? Das sollte uns anspornen, diese innere Stille des Geistes zu pflegen, die keine Hast und keine Sorgen kennt.

»Wir ermahnen euch aber, Brüder, reichlich zuzunehmen und eure Ehre darein zu setzen, still zu sein und eure eigenen Geschäfte zu tun und mit euren Händen zu arbeiten, so wie wir euch geboten haben« (1. Thessalonicher 4,10-11).

Um stille zu werden, müssen Angst und Hast vertrieben werden. Wer sich um seine eigenen Geschäfte kümmert, läßt andere Leute in Ruhe. Wieviel geschöpfliches Wirken hat mit den Geschäften anderer Leute zu tun! Wir können nicht zur Ruhe kommen, weil wir uns über andere aufregen, die unserer Meinung nach furchtbare Fehler machen. Aber die göttliche Ordnung, die auch die beste menschliche Ordnung ist, verlangt, daß jeder seine eigenen Geschäfte tut und sich aus den Geschäften anderer heraushält.

»Besser eine Hand voll Ruhe als beide Fäuste voll Mühe und Haschen nach Wind« (Prediger 4,6).

»Besser ein trockener Bissen und Ruhe dabei als ein Haus voller Festspeisen, aber Streit dabei« (Sprüche 17,1).

Das trifft auf menschlicher Ebene zu und in noch höherem Maße auf geistlicher Ebene. Oft gibt es auch in christlichen Herzen »Mühe und Haschen nach Wind« und ein Haus voller Streit. Wir kennen solche traurigen

Zustände. Vielleicht meinen wir manchmal, der Herr nähre unsere Seelen mit sehr trockenen Bissen. In solchen Zeiten würden wir Festspeisen mit Streit bevorzugen, weil wir irrtümlicherweise annehmen, sie seien nahrhafter. Wenn es aber stimmt, daß Kraft in der Stille liegt, dann trifft auch zu, daß »eine Hand voll Ruhe besser ist, als beide Fäuste voll Mühe und Haschen nach Wind«. Dann können wir auch ganz zufrieden sein mit dem Bissen, den der Herr gibt. Dann ruhen wir friedlich in Ihm, bis Er uns mehr gibt.

»Doch wer auf mich hört, wird sicher wohnen, kann ruhig sein vor des Unglücks Schrecken« (Sprüche 1,33). Der Schlüssel zu dieser Haltung ist Glauben. Das »Hören« auf den Herrn geschieht im Glauben. Man hört Ihn nicht mit den Ohren, sondern man glaubt, was Er sagt.

> »Welchen aber schwur er, daß sie nicht in seine Ruhe eingehen sollten, wenn nicht denen, die ungehorsam gewesen waren? Und wir sehen, daß sie wegen des Unglaubens nicht hineingehen konnten. Fürchten wir uns nun, daß nicht etwa, während die Verheißung, in seine Ruhe einzugehen, noch aussteht, jemand von euch als zurückgeblieben erscheint. Denn auch uns ist eine gute Botschaft verkündigt worden, wie auch jenen; aber das gehörte Wort nützte jenen nicht, weil es bei denen, die es hörten, sich nicht mit dem Glauben verband. Wir gehen nämlich in die Ruhe ein als die, die geglaubt haben« (Hebräer 3,18-4,3).

Um in die innere Ruhe einzugehen, muß also mein Hören mit Glauben verbunden sein. Ich glaube vorbehaltlos, was der Herr gesagt hat. Ich zweifle nie an Seiner Liebe und Fürsorge. Wenn ich so glaube, komme ich automatisch zur Ruhe. Ein Kind, das sich dem Schutz seiner Mutter anvertraut hat, fürchtet sich nicht. Aber zuvor kann sein kleines Herz vor lauter Angst so laut pochen, daß es gar nicht auf die Mutter hören kann. Aber sobald es bei der Mutter Schutz sucht, vergehen alle Ängste. So ist es bei uns. Sobald wir glauben, gehen wir in die Ruhe ein.

> »Gott aber, der reich ist an Barmherzigkeit, hat um seiner vielen Liebe willen, womit er uns geliebt hat, auch uns, die wir in den Vergehungen tot waren, mit dem Christus lebendig gemacht – durch Gnade seid ihr errettet! Er hat uns mitauferweckt und mitsitzen lassen in der Himmelswelt in Christus Jesus« (Epheser 2,4-6).

Ich bin überzeugt, daß das der einzige Weg ist, erfolgreich durch den Alltag zu kommen. Ein stiller Geist ist von unschätzbarem Wert für äußere Aktivitäten. Der Geist der Unruhe und der ständigen Sorge sind Barrieren für das Wirken der verborgenen geistlichen Kräfte, von denen unser erfolgreiches Tun abhängt.

Drei Dinge sind notwendig, um die innere Stille zu sichern. Sie wurden in Kapitel 4 besprochen. Die geistliche Ruhe tritt ein, wenn wir unsere Angelegenheiten völlig dem Herrn anvertraut haben und Seinen Willen in allen Dingen ausführen wollen. Da gibt es dann keinen Platz mehr für Unruhe.

> »Seid still und erkennt, daß ich Gott bin; ich werde erhöht sein unter den Nationen, erhöht auf der Erde. Der HERR der Heerscharen ist mit uns, eine Festung ist uns der Gott Jakobs« (Psalm 46,10-11).

Um Gott zu erkennen, ist innere Stille notwendig. Ich erinnere mich an die Krisensituation, in der ich diese Lektion gelernt habe. Ich befand mich in großer Aufregung. Ich mußte schnell und entschieden handeln. Das setzte mich unter Druck, und ich vibrierte an Leib und Seele. Die Umstände waren aber so, daß ich überhaupt nichts konnte. Derjenige, der handeln konnte und sollte, rührte keinen Finger. Mir schien, ich müßte unter dem inneren Ansturm zerbrechen, als ich plötzlich in den Tiefen meiner Seele eine leise Stimme hörte: »Sei still und erkenne, ich bin Gott«. Diese Worte beeindruckten mich, und ich hörte aufmerksam zu. Ich brachte meinen Körper in eine vollkommen ruhige Stellung, sammelte meinen aufgewühlten Geist, wurde still, schaute auf und wartete. Und dann wußte ich, daß Gott da war, Gott, der mir in der tiefen Not und in meiner Hilflosigkeit zu Hilfe kam. Diese Erfahrung wurde mir sehr kostbar. Aus der Stille kam mir eine große Kraft. Ich wurde mit der Not fertig. Die Sache war in kurzer Zeit erledigt.

Ich hatte gelernt, daß meine Kraft im Stillesitzen lag.

Ein ruhiger Körper fördert die Stille des Geistes. Wo das nicht möglich ist, möchte ich alle meine Leser bitten, doch von nun an in ihren Herzen stillezusitzen in der Gewißheit, daß der Herr nicht ruhen wird, bis Er unsere Sache geregelt hat.

Kapitel 18

Warum hast Du gezweifelt?

»Sogleich aber streckte Jesus die Hand aus, ergriff ihn und spricht zu ihm: Kleingläubiger, warum zweifeltest du?« (Matthäus 14,31).

Warum hast du gezweifelt? Es klingt, als ob der Herr sagen wollte: Petrus, du kennst mich doch. Du hast meine Liebe und Fürsorge für dich seit langem erfahren. Wie ist es möglich, daß du jetzt zweifelst? Meinst du, ich hätte dich gerufen, zu mir übers Wasser zu kommen, wenn ich dir nicht die Fähigkeit dazu gegeben hätte? Bin ich nicht Schöpfer und Herr der stürmischen Winde und Wellen? Warum zweifelst du?

Diese Frage ist heute so aktuell wie in jener stürmischen Nacht in Galiläa vor zweitausend Jahren. Wenn die Winde heulen und die See stürmisch ist, wollen auch uns Zweifel und Angst überwältigen. Die Zurechtweisung »Kleingläubiger« paßt auch heute auf viele Jünger Christi.

> »Und es erhob sich ein heftiger Sturmwind, und die Wellen schlugen in das Schiff, so daß das Schiff sich schon füllte. Und er war hinten im Schiff und schlief auf dem Kopfkissen; und sie wecken ihn auf und sprechen zu ihm: Lehrer, kümmert es dich nicht, daß wir umkommen? Und er wachte auf, bedrohte den Wind und sprach zu dem See: Schweig, verstumme! Und der Wind legte sich, und es entstand eine große Stille. Und er sprach zu ihnen: Warum seid ihr so furchtsam? Wie, habt ihr keinen Glauben?« (Markus 4,37-40).

Die Angst der Jünger wurde nicht durch den gewaltigen Sturm hervorgerufen, sondern durch ihren Mangel an Glauben. Stürme können denen keine Angst einjagen, die dem Herrn vertrauen. Hinter jeder Angst eines Gotteskindes steht der Zweifel.

»Doch wer auf mich hört, wird sicher wohnen, kann ruhig sein vor des Unglücks Schrecken« (Sprüche 1,33). Die meisten Leute hören nicht auf Gott, sondern auf ihre eigenen Ängste. Der Christ, der auf den Herrn hört, weiß, daß es absolut nichts gibt, vor dem er sich fürchten muß. Er jubelt mit dem Psalmisten: »Der Herr ist mein Licht und mein Heil; vor wem sollte ich mich fürchten? Der Herr ist meines Lebens Zuflucht; vor wem sollte ich erschrecken? (Psalm 27,1) Er beantwortet seine eigenen Fragen mit der Verheißung aus dem Wort Gottes: »Wenn sich ein Heer gegen mich lagert, so fürchtet sich mein Herz nicht« (Psalm 27,3). Alle Heere der Welt und der Hölle können die Seele nicht erschrecken, die auf Gott hört.

Selbstverständlich geht es mir in diesem Kapitel nicht um die Zweifel von Ungläubigen und Gottesleugnern. Ich spreche vom Zweifel der Jünger. Vom Zweifel an Gottes Liebe und Fürsorge, vom Zweifel an Seiner Weisheit, Seiner Allmacht, Seinem Interesse an uns, Seiner ewigen Gegenwart bei uns. Wir alle kennen diese Art von Zweifel, werden mehr oder weniger von ihnen geplagt.

Zweifel haben sich im Herzen eingenistet. Darum sind sie trostlos. Denn Zweifler haben keinen Trost. Viele Christen zweifeln gewohnheitsmäßig, wie der Alkoholiker gewohnheitsmäßig trinkt. Sie haben sich mit ihren Zweifeln abgefunden, als wären sie eine chronische Krankheit, an der sie eben nichts ändern können. Sie klagen über ihre Zweifel, wie man über Rheumatismus klagt. Sie halten sie für einen interessanten Fall besonderer göttlicher Prüfung und verlangen von anderen äußerste Rücksichtnahme und Sympathie. Sieht so dein Leben aus, lieber Leser?

Christus fragt: Warum zweifelst du? Ist der Zweifel vielleicht notwendig, gehört er einfach zum Christentum? Wenn nicht, wie konnte er sich unter Christen so verbreiten? Gottes Wort und unser Verstand wenden sich gegen die Ansicht, der Zweifel gehöre zum Christsein. Zweifeln wird überall in der Bibel als Sünde bezeichnet. Jakobus sagt, daß ein Mensch, der schwankt, das heißt zweifelt, unbeständig in allen seinen Wegen ist (Jakobus 1,6-7). Gott will, daß wir Ihm vertrauen. Es ist die einzig vernünftige, sinnvolle Antwort an einen Gott, der höchst vertrauenswürdig ist. Ist es nicht seltsam, daß wir ausgerechnet an den Aussagen unseres Gottes zweifeln?

Jesus tat alles, um uns von der Torheit des Zweifels zu überzeugen. Bevor Er die Erde verließ, mahnte Er: »Euer Herz werde nicht bestürzt, sei auch nicht furchtsam« (Johannes 14,27b). Wer zweifelt und sich fürchtet, handelt nicht nur dumm, sondern ist obendrein ungehorsam. Gäbe es den geringsten Grund zur Furcht, hätte uns Jesus diesen Auftrag so nicht gegeben. Auf keinen Fall! Zweifel scheint einigen Christen vorbehalten zu sein, die ihn zu einer Art Religion erheben und meinen, er sei eine Indikation ihres demütigen und echten Geistes. Wenn ein Kind seinem Vater mißtraut, verurteilen wir das. Wenn ein Kind Gottes seinem himmlischen Vater mißtraut, ist das noch viel schlimmer. Das hat mit Frömmigkeit überhaupt nichts zu tun.

Dabei weiß ich wohl, wie vernünftig und begründet sich unsere Zweifel oft anhören. »Schau her, Petrus«, mag der Versucher gesagt haben, »schau auf diese gewaltigen Wellen. Du weißt sehr wohl, daß bisher noch keiner auf dem Wasser gehen konnte. Es ist wirklich anmaßend von dir, das zu versuchen. Der Meister will nicht, daß du wirklich zu Ihm kommst. Er hat das nur so gesagt. Wenn du nicht ertrinken willst, steige lieber schnellstens ins sichere Schiff.« Auch heute hören viele Christen trotz vieler ähnlicher Worte Jesu und Verheißungen auf schlimme Einflüsterungen des Zweifels und meinen, sie seien fromm und demütig dabei.

> »Wenn aber Gott das Gras, das heute auf dem Feld steht und morgen in den Ofen geworfen wird, so kleidet, wieviel mehr euch, Kleingläubige! Und ihr, trachtet nicht danach, was ihr essen oder was ihr trinken sollt, und seid nicht in Unruhe; denn nach diesem allen trachten die Nationen der Welt; euer Vater aber weiß, daß ihr dies benötigt« (Lukas 12,28-30).

Als der Herr sagte, unser Vater weiß, daß wir diese Bedürfnisse haben, war das für Ihn die Garantie, daß Er diese Bedürfnisse auch befriedigen würde. Es genügt dem Kind, wenn die Mutter weiß, was es braucht. Die Liebe der Mutter wird alles in ihrer Macht stehende tun, um das Nötige zu beschaffen. So jedenfalls ist es bei Gott. Er weiß, was wir brauchen, und das heißt für Ihn, Er wird es beschaffen. Unsere Zweifel bedeuten entweder, daß wir meinen, Er kenne unsere Not nicht, oder daß Er sie zwar kennt, sich aber nicht darum kümmert. Wir wollen uns doch nicht einer solchen Beleidigung Gottes schuldig machen!

Paulus sagt: »Ich weiß, an wen ich geglaubt habe, und darum bin ich sicher, daß er fähig ist, zu bewahren, was ich in seine Obhut gegeben habe.« Wenn wir Ihn kennen würden, hätten wir dieselbe Gewißheit. Wir wüßten, daß es Ihm unmöglich ist, uns im Stich zu lassen. Menschen können uns fallen lassen, aber Gott nie! Jeder Zweifel daran ist eine Beleidigung Gottes. Jeder Zweifel daran bezichtigt Gott, Sein Versprechen nicht zu halten. Jeder Zweifel drückt Mißtrauen aus.

»Habe keine Angst, denn ich bin dein Gott! Ich stärke dich, ja, ich helfe dir, ja ich halte dich mit der Rechten meiner Gerechtigkeit. Denn ich bin der HERR, dein Gott, der deine Rechte ergreift, der zu dir spricht: Fürchte dich nicht! Ich, ich helfe dir! Fürchte dich nicht, du Wurm Jakob, du Häuflein Israel! Ich, ich helfe dir, spricht der HERR, und dein Erlöser ist der Heilige Israels« (Jesaja 41,10.13-14).

Gott sagt uns in Seinem Wort immer wieder »Hab keine Angst«, weil Er bei uns ist, mit uns geht und uns mit allem versorgt. Wenn wir diesen Verheißungen glauben, kann kein Feind und keine Gefahr, von außen oder von innen, uns Furcht oder Zweifel einflößen. Wir wissen, daß der Herr unser Gott stärker ist, als irgendein Feind dieses Universums. Mit dem Apostel können wir sagen: »Wenn Gott für uns ist, wer könnte gegen uns sein?« (Römer 8,31b).

»Auch wenn ich wandere im Tal des Todesschattens, fürchte ich kein Unheil, denn du bist bei mir; dein Stecken und dein Stab, sie trösten mich« (Psalm 23,4). Nicht einmal das Tal der Todesschatten kann das vertrauensvolle Herz in Furcht versetzen. Gottes Gegenwart genügt. Das furchtsame Herz wird stark. Gott hat alles im Griff.

»Stärkt die schlaffen Hände und festigt die wankenden Knie! Sagt zu denen, die ein ängstliches Herz haben: Seid stark, fürchtet euch nicht! Siehe, da ist euer Gott, Rache kommt, die Vergeltung Gottes! Er selbst kommt und wird euch retten« (Jesaja 35,3-4).

»Denn Gott hat uns nicht einen Geist der Furchtsamkeit gegeben, sondern der Kraft und der Liebe und der Zucht« (2.Timotheus 1,7).

Der Geist der Furcht ist kein christlicher Geist. Er wird nie unter den Früchten des Geistes erwähnt. Er ist uns nicht von Gott gegeben. Im Gegenteil, er wird stets verurteilt, weil er aus dem Unglauben stammt.

> »Und sie redeten gegen Gott; sie sprachen: Sollte Gott imstande sein, uns in der Wüste einen Tisch zu bereiten? Siehe, den Felsen hat er zwar geschlagen, und Wasser flossen heraus, und Bäche strömten. Wird er aber auch Brot geben können, oder wird er seinem Volk Fleisch verschaffen? Darum, als der HERR es hörte, wurde er zornig, und Feuer entzündete sich gegen Jakob und auch Zorn stieg auf gegen Israel, weil sie Gott nicht glaubten und nicht vertrauten auf seine Hilfe« (Psalm 78,19-22).

Alle Zweifel sind ein Mißtrauensvotum gegen Gott. Nun wehren sich viele meiner Leser: »Nein, das ist nicht wahr! Zweifel kommen oft aus der Demut. Wir fühlen uns der Liebe und Fürsorge Gottes so unwürdig, daß wir gar nicht glauben können, daß es Ihm möglich ist, uns zu lieben oder für uns zu sorgen. Nicht, daß wir Zweifel an Ihm hätten, sondern wir zweifeln an uns selbst.« Das hört sich zwar sehr plausibel an, aber was steckt dahinter? Hängt Gottes Liebe zu uns davon ab, was für Leute wir sind? Liebt Er nur die guten Menschen? Oder liebt Er Sünder? Die Bibel sagt: »Gott aber erweist seine Liebe gegen uns darin, daß Christus, als wir noch Sünder waren, für uns gestorben ist« (Römer 5,8). Und wiederum heißt es: »Gott aber, der reich ist an Barmherzigkeit, hat um seiner vielen Liebe willen, womit er uns geliebt hat, auch uns, die wir in den Vergehungen tot waren, mit dem Christus lebendig gemacht« (Epheser 2,4-5a). Kann man Demut nennen, was Gottes Wort bezweifelt? Kann man Demut nennen, was bezweifelt, daß Gott uns Sünder wirklich liebt? Wir würden es sicher nicht für Demut halten, wenn unsere Kinder anfangen, an unserer Liebe zu zweifeln, sobald sie ungezogen sind. Wir würden es nicht für Demut halten, wenn sie dann in Angst lebten, daß wir sie künftig vernachlässigen und nicht mehr auf ihrer Seite stehen. Wahre Demut macht allem Zweifeln ein Ende. Sie tut nichts, um Zweifel zu nähren, weil sie Gottes Verheißungen der Liebe und Fürsorge nicht in Frage stellen würde.

»Wir lieben ihn, weil er uns zuerst geliebt hat«, sagt die Bibel in 1. Johannes 4,19. Aber wir erliegen oft der Versuchung, das in umgekehrter Reihenfolge zu glauben »Er liebt uns, weil wir Ihn zuerst geliebt haben«. Wer so denkt und seine eigene Liebe dann als schwach und armselig erlebt, beginnt ganz automatisch an Gottes Liebe zu zweifeln. Wir können nie anders als zweifeln, wenn wir meinen, die Liebe Gottes zu uns hinge vom Grad unserer Liebe zu Ihm ab. Eine solche Denkweise widerspricht allem, was Gott über Seine Liebe gesagt hat. Wir sollen jedem Zweifel widerstehen und im unerschütterlichen Glauben an die unverdiente, unvergängliche Liebe Gottes vorwärtsgehen.

> »Ihr aber, Geliebte, erbaut euch auf eurem heiligsten Glauben, betet im Heiligen Geist, erhaltet euch in der Liebe Gottes, indem ihr die Barmherzigkeit unseres Herrn Jesus Christus erwartet zum ewigen Leben« (Judas 20-21).

Uns in der Liebe Gottes erhalten bedeutet nicht, Ihn auch in Zukunft zu lieben. Es bedeutet vielmehr, uns in Seiner Liebe niederzulassen, wie in einer Wohnung. Da Seine Liebe unvergänglich ist, können wir ewig in ihr wohnen. Wir dürfen vor allem nie an Seiner Liebe zweifeln, sie nie in Frage stellen, nie fürchten, sie zu verlieren. In diesem Glauben und Vertrauen dürfen wir immer und ewig ruhen.

»Deshalb beuge ich meine Knie vor dem Vater, von dem jede Vaterschaft in den Himmeln und auf Erden benannt wird: er gebe euch nach dem Reichtum seiner Herrlichkeit, mit Kraft gestärkt zu werden durch seinen Geist an dem inneren Menschen; daß der Christus durch den Glauben in euren Herzen wohne und ihr in Liebe gewurzelt und gegründet seid, damit ihr imstande seid, mit allen Heiligen völlig zu erfassen, was die Breite und Länge und Höhe und Tiefe ist, und zu erkennen die die Erkenntnis übersteigende Liebe des Christus, damit ihr erfüllt werdet zur ganzen Fülle Gottes« (Epheser 3,14-19).

Der Christ, der in der Liebe Gottes verwurzelt und gegründet ist und in ihr fest bleibt, ist an einem Punkt angelangt, an dem der Zweifel unmöglich scheint. Denn wer könnte die Liebe bezweifeln? Es gehört zur Natur der Liebe, für den Geliebten das Allerbeste zu unternehmen. Das ist ihr Gesetz. Wenn wir erst einmal an die Liebe Gottes glauben, wissen wir ohne Zweifel, daß wir nichts mehr zu fürchten brauchen. »Furcht ist nicht in der Liebe, sondern die vollkommene Liebe treibt die Furcht aus, denn die Furcht hat Pein. Wer sich aber fürchtet, ist nicht vollendet in der Liebe« (1.Johannes 4,18).

Zweifel sind Hindernisse im christlichen Leben. Geistliche Dinge geschehen ausschließlich auf der Basis des Glaubens. Zweifel verhindern, daß das Gesetz des Glaubens zum Wirken kommt. Sie löschen die Kraft des Glaubens.

Hier ist eine klare Entscheidung gefordert bezüglich gewohnheitsmäßigem Zweifeln. Es gibt keine Alternative. Wir müssen unsere Zweifel loswerden. Die Frage ist wie. Hier gibt es nur einen Weg: Wir müssen sie total auf- und abgeben. Wir geben sie einfach dem Herrn und vertrauen Ihm, uns von ihrer Macht zu befreien. Zweifel richten sich gegen Gott und sind daher Sünde. Sie sind keine Anfechtung, sondern Rebellion. Wir wollen sie nicht zulassen, sonst machen wir uns des Ungehorsams gegen Gott schuldig, der uns gesagt hat: »Euer Herz erschrecke nicht« (Johannes 14).

Überlasse Ihm deine Zweifel, wie du Ihm deinen Zorn und deinen Stolz überläßt, und vertraue darauf, daß Er dich davon befreit.

Ich meine damit nicht, daß Zweifel sich nicht anbieten. Solange wir in diesem Leib sind, nehme ich an, daß wir der Versuchung ausgesetzt sind zu zweifeln. Dafür können wir nichts. Aber wir sind verantwortlich für das Hegen und Pflegen von Zweifeln, dafür, daß wir ihnen einen Platz im Herzen anbieten. Wir müssen sie wie jede andere Versuchung behandeln und uns weigern, sie auch nur einen Augenblick zuzulassen. Schnelle, effektive Hilfe besteht darin, vertrauensvoll das Gegenteil vom Zweifel zu sagen. Zweifel fliehen immer, wenn der Glaube auf der Bildfläche erscheint. Wenn der Zweifel z.B. sagt: »Gott liebt dich nicht«, muß der Glaube mit Nachdruck erklären: »Gott liebt mich. Er sagt, daß er es tut und ich weiß, daß es wahr ist.« Du kannst deine Zweifel vernichten, wenn du dich weigerst, auf sie zu hören. Zweifel können nicht überleben, wo sie keine Nahrung finden.

Übergib deine Zweifel dem Herrn.

Kapitel 19

Versuchung

»Glückselig der Mann, der die Versuchung erduldet! Denn nachdem er bewährt ist, wird er den Siegeskranz des Lebens empfangen, den er denen verheißen hat, die ihn lieben« (Jakobus 1,12).

Versuchungen sind eine alltägliche Erfahrung. Wir sollten gut Bescheid wissen, wie man mit ihnen umgeht.

Um ein weit verbreitetes Mißverständnis gleich klarzustellen: Versuchung ist nicht Sünde. Warum ich das so betone? Weil ich viele Leute kenne, die dazu wohl mit dem Kopf nicken, aber im tiefsten nicht davon überzeugt sind. Wahrscheinlich geht jeder Leser mit mir einig, daß Versuchung keine Sünde ist. Aber wie viele handeln im Alltag auf der Basis dieses Glaubens? Unser Leittext sagt, wir sollten uns glücklich schätzen, wenn wir Versuchung erdulden! Glauben wir das wirklich? Viele halten die Versuchung eher für einen Fluch. Sie meinen, sie wären furchtbare Sünder, wenn sie versucht werden. Nehmen wir an, eine Flut schlechter Gedanken wird in unsere Seele geschüttet: stolze Gedanken, unbarmherzige Gedanken, boshafte Gedanken, eifersüchtige Gedanken. Obwohl wir nichts mit diesen Gedanken zu tun haben wollen, scheint es uns, als ob wir sie verursacht hätten. Wir kommen dann zu dem Schluß, daß wir schrecklich verdorben und weit von Gott entfernt sind; sonst könnten wir ja solche Gedanken gar nicht haben. Das ist so, als ob einer in ein Haus einbricht, um zu stehlen, und sobald der Besitzer des Hauses versucht, den Einbrecher zurückzuschlagen und ihn hinauszuwerfen, dieser den Besitzer beschuldigt, selbst der Dieb zu sein. Dahinter verbirgt sich die gemeine List unseres Feindes, mit der er uns in die Falle lockt. Erst flüstert er seine schlüpfrigen Anspielungen in unsere Herzen, dann dreht er sich um und sagt: »Wie böse du bist! Solche Dinge denkt man doch nicht! Du kannst unmöglich ein Kind Gottes sein. Ein Kind Gottes kann doch nicht solche Gedanken im Herzen haben!« Das klingt logisch und der Christ meint, es sei die Wahrheit und wird in tiefe Entmutigung und Verzweiflung getrieben. Aber Gott lehrt uns anderes über die Versuchung.

> »Achtet es für lauter Freude, meine Brüder, wenn ihr in mancherlei Versuchungen geratet, indem ihr erkennt, daß die Bewährung eures Glaubens Ausharren bewirkt. Das Ausharren aber soll ein vollkommenes Werk haben, damit ihr vollkommen und vollendet seid und in nichts Mangel habt« (Jakobus 1,2-4).
>
> »Darin frohlockt ihr, die ihr jetzt eine kleine Zeit, wenn es nötig ist, in mancherlei Versuchungen betrübt worden seid, damit die Bewährung eures Glaubens viel kostbarer erfunden wird als die des vergänglichen Goldes, das aber durch Feuer erprobt wird, zu Lob und Herrlichkeit und Ehre in der Offenbarung Jesu Christi« (1. Petrus 1,6-7).

Versuchungen prüfen unseren Glauben. Durch Überwindung der Versuchung entwickeln sich unsere geistlichen Tugenden und diese Entwicklung ist für echtes Wachstum ausschlaggebend. Wie oberflächlich bliebe unser geistlicher Zustand, wenn es keine Erziehung durch Versuchung gäbe! Sie hat daher ihren Platz im göttlichen Plan für unser Leben. Gott läßt aus Liebe zu, daß wir zeitweilig wegen Versuchung unter einem gewissen Druck stehen. So hat Er auch Israel geschult. Als Gott das Volk Israel ins Gelobte Land brachte, vertrieb Er nicht auf einmal alle seine Feinde, sondern ließ einige zurück, um zu prüfen, ob die Israeliten Seine Gebote hielten. (Siehe Richter 2,21-23; 3,1-4).

Manchmal kommt es mir so vor, als ob Versuchung für die Seele so etwas wie der Impfstoff für den Körper ist, also ein Prozeß, der Abwehrkräfte schafft, damit schlimme Krankheiten bzw. geistliche Angriffe siegreich überwunden werden können.

> »Denn du hast uns geprüft, Gott, du hast uns geläutert, wie man Silber läutert. Du hast uns ins Netz gehen lassen, hast eine drückende Last auf unsere Hüften gelegt. Du hast Menschen über unsern Kopf reiten lassen; wir sind ins Feuer und ins Wasser gekommen, aber du hast uns herausgeführt zum Überfluß« (Psalm 66,10-12).

Sogar der Herr »hat Gehorsam gelernt durch sein Leiden.«

> »Denn wir haben nicht einen Hohenpriester, der nicht Mitleid haben könnte mit unseren Schwachheiten, sondern der in allem in gleicher Weise wie wir versucht worden ist, doch ohne Sünde. Laßt uns nun mit Freimütigkeit hinzutreten zum Thron der Gnade, damit wir Barmherzigkeit empfangen und Gnade finden zur rechtzeitigen Hilfe« (Hebräer 14,15-16).

Wenn wir wirklich glauben, daß auch der Herr zutiefst versucht worden ist wie wir, müssen wir doch einsehen, daß Versuchung keine Sünde ist, ja daß es möglich ist, von allen möglichen Versuchungen geplagt zu werden, doch »ohne Sünde« zu sein. Wir können also sicher sein, daß der Herr uns in der Versuchung beistehen will.

»Wo warst du, Herr, als ich versucht wurde?« rief der Heilige in der Wüste. »Direkt neben dir, die ganze Zeit, mein Sohn, um dir die nötige Gnade zu geben, die Versuchung zu überwinden«, war die gütige Antwort.

»Keine Versuchung hat euch ergriffen als nur eine menschliche; Gott aber ist treu, der nicht zulassen wird, daß ihr über euer Vermögen versucht werdet, sondern mit der Versuchung auch den Ausgang schaffen wird, so daß ihr sie ertragen könnt« (1.Korinther 10,13).

Fenelon sagt in bezug auf Versuchung: »Wir brauchen uns über Versuchungen nicht zu wundern, auch wenn sie noch so befremdlich sind. Auf dieser Erde ist alles Versuchung. Kreuze versuchen uns, indem sie unserem Stolz wehtun, und Wohlstand versucht uns, indem er uns schmeichelt. Unser Leben ist ein ununterbrochener Kampf, aber einer, in welchem Jesus Christus für uns kämpft. Wenn Versuchungen uns von allen Seiten angreifen, müssen wir einfach weitergehen wie der Wanderer, der von einem Sturm überrascht wird, einfach seinen Mantel enger um sich schlingt und schneller seinem Ziel zustrebt.«

Da der Herr weiß, wie Er uns aus Versuchungen retten kann, ist Er genau der Richtige, an den wir uns zur Rettung wenden sollen; es ist klar, daß wir uns nicht selber retten können. Kein einziger von uns hat sich je aus eigener Kraft aus der Versuchung retten können. Darüber muß sicher nicht ausführlich gesprochen werden. Und doch sind wir oft so töricht und dumm, immer wieder dieselbe Methode zu Hilfe zu nehmen, die noch nie zum Erfolg geführt hat. Wir reden uns ein, wir müßten uns nur ein bißchen mehr anstrengen, dann würden wir es aus eigener Kraft schaffen. Wir sind verärgert über uns, reden uns gut zu, weinen über unser Versagen, leiden unter Reue und tun Buße in Staub und Asche. Dann fassen wir erneut hochtrabende Vorsätze, die wir unbedingt einhalten wollen, versuchen es wieder, und werden wieder besiegt.

Manchmal scheinen wir einige Augenblicke siegreich zu sein, und wir jubeln über unseren Sieg. Wir sind überzeugt, daß wir ein für allemal überwunden haben, da werden plötzlich sämtliche Verteidigungswälle überrannt, und wir unterliegen schlimmer den je. Wie kommt das? Faßt uns Gott zu hart an, obwohl wir uns so anstrengen?

Warum läßt Er zu, daß wir so jämmerlich versagen? Tatsache ist, daß es einen einzigen Ausweg aus der Macht der Versuchung gibt. Wenn wir diesen Ausweg nicht nehmen, ist unser Versagen vorprogrammiert. Dagegen wehren wir uns und suchen eigene Wege. Über kurz oder lang müssen wir jedoch zur Einsicht kommen, daß es nur einen Befreier aus der Versuchung gibt, und dieser Befreier ist der Herr. Es gibt nur einen Weg zum Sieg, und das ist der Weg des Glaubens.

»Der Herr, euer Gott ist es, der mit euch zieht, um für euch mit euren Feinden zu kämpfen, um euch zu retten.« Das ist das ganze Geheimnis. Ich fragte einen Christen, den ich wegen seiner Überwindung der Versuchungen bewunderte, nach dem Geheimnis. Er meinte, das ganze Geheimnis bestehe darin, daß der Herr für ihn kämpfe und er seinen Frieden bewahre.

Im Epheserbrief haben wir eine Beschreibung der Waffenrüstung des Christen. Das gibt einen Einblick in die Art des Kampfes.

> »Deshalb ergreift die ganze Waffenrüstung Gottes, damit ihr an dem bösen Tag widerstehen und, wenn ihr alles ausgerichtet habt, stehen könnt. So steht nun, eure Lenden umgürtet mit Wahrheit, angetan mit dem Brustpanzer der Gerechtigkeit und beschuht an den Füßen mit der Bereitschaft zur Verkündigung des

Evangeliums des Friedens. Bei alledem ergreift den Schild des Glaubens, mit dem ihr alle feurigen Pfeile des Bösen auslöschen könnt. Nehmt auch den Helm des Heils und das Schwert des Geistes, das ist Gottes Wort. Mit allem Gebet und Flehen betet zu jeder Zeit im Geist, und wachet hierzu in allem Anhalten und Flehen für alle Heiligen« (Epheser 6,13-18).

Das gehört alles zur Waffenrüstung des Glaubens. Auch der Herr hat so gegen die Versuchung gekämpft (siehe Lukas 4,1-13). Die Schilderung der Versuchungen in der Wüste läßt uns hinter die Kulissen sehen. Wir sehen, wie der Herr versucht wurde und wie Er die Versuchungen überwunden hat. Die Waffe, die Er benutzte, war das Schwert des Geistes, nämlich das Wort Gottes. Er konterte jede Versuchung mit einer Stelle aus der Schrift: »Es steht geschrieben.« Ich bin überzeugt, daß die Wahrheit der Schrift immer unsere beste Waffe gegen die Versuchung ist. Ich sagte Waffe, nicht Kraft. Die Kraft zur Überwindung ist vom Herrn allein, aber die Waffen werden in unsere Hände gelegt. Christus setzt hier die schlagkräftigste Waffe ein, nämlich das Wort bzw. die Wahrheit Gottes. Wir können fast alle Versuchungen mit einem »Es steht geschrieben« überwinden.

Ich hatte gerade einen neuen Teppich ins Wohnzimmer gelegt und war bestrebt, ihn sauberzuhalten und zu schonen. Nun wollte mein Mann bei uns eine Bibelstunde für Arbeiter mit groben, genagelten Schuhen abhalten. Ich wehrte mich entschieden. »Mein schöner Teppich wird in kürzester Zeit ruiniert!« dachte ich. Aber es war mir nicht ganz wohl bei dem Gedanken, denn ich wollte natürlich nicht den Teppich über das Seelenheil der Menschen stellen. Ich befand mich in einem schrecklichen Kampf. Dann dachte ich an das Schwert des Geistes. Ob ich es in dieser Situation wohl auch anwenden konnte?

Sicher gab es in der Bibel kein »Es steht geschrieben« über Teppiche. Doch gehorsam nahm ich das Schwert und sagte etwas niedergeschlagen »Es steht geschrieben«, als mir durch den Kopf schoß: »Jawohl, es steht geschrieben: Ihr habt den Raub eurer Güter mit Freuden aufgenommen« (Hebräer 10,34a). Ich konfrontierte den Feind mit diesem Schwert des Geistes, und es siegte für mich. Von da an focht es mich nicht mehr an, ob mein Teppich oder sonst etwas im Dienst des Herrn Schaden litt.

Ich habe es tausendmal erfahren, daß keine Waffe so effektiv ist wie das Schwert des Geistes, auch wenn es um Zweifel an der Liebe und Fürsorge Gottes für uns geht. Alle Zweifel müssen fliehen, wenn ich Gottes Verheißungen über Seine Liebe und Treue zitiere. Ich habe ganze Armeen von Zweifeln durch die einfachen Worte in die Flucht getrieben: »Es steht geschrieben: Gott ist die Liebe!«

> »Ihr aber seid es, die mit mir ausgeharrt haben in meinen Versuchungen; und ich verordne euch, wie mein Vater mir verordnet hat, ein Reich, daß ihr eßt und trinkt an meinem Tisch in meinem Reich und auf Thronen sitzt, die zwölf Stämme Israels zu richten« (Lukas 22,28-30).

Sind Versuchungen Zeitverschwendung? Keinesfalls! Auch wenn wir meinen, wir hätten keine geistlichen Fortschritte gemacht, weil wir dauernd Krieg gegen Versuchungen geführt haben. Zeiten der Versuchung, in denen wir kämpfen und ausharren und überwinden, verleihen unserem Dienst Tiefgang. Nicht nur wir, sondern Gott wird in der Versuchung angegriffen. Unser Kampf ist Sein Kampf. Unser Sieg ist Sein Sieg.

Wenn die nächste Versuchung auf uns zukommt, wollen wir daran denken, daß diejenigen, derer die Welt nicht wert war, ebenfalls versucht wurden. Das bewahrt uns vor Entmutigung. Wir sind am schwächsten, wenn wir der Versuchung mit Entmutigung entgegentreten. Wer Angst vor dem Fallen hat, fällt viel öfter. Ein kluger Christ riet zur Überwindung von Versuchungen folgendes: erstens, fröhliche Gewißheit, daß wir überwinden; zweitens und drittens und überhaupt: fröhliche Gewißheit, daß wir überwinden! Die Stärke der Versuchung liegt vor allem in der Ohnmacht unseres eigenen Herzens. Das Volk Israel wurde immer wieder davor gewarnt. Ganz gleich, wie furchterregend ihre Feinde schienen, Gottes Wort war immer gleich: Erschreckt nicht, habt keine Angst vor ihnen. Und der Grund war ebenfalls immer derselbe: Der Herr wird für euch kämpfen, ihr aber werdet still sein. (Siehe 2. Mose 14,13-14; 5. Mose 1,20-30 u.a.)

Der Herr kämpft für uns heute, wie er für die Israeliten gekämpft hat. Wir haben so wenig Grund zur Entmutigung im Angesicht unserer Feinde wie sie. Wir wissen auch, daß der Kampf gegen ihre Feinde keine Sünde war. Nun sollten wir ebenso verstehen, daß die Versuchung für uns keine Sünde ist.

Unsere Entmutigung rührt oft aus einem Gefühl des Ekels und der Enttäuschung über uns, daß wir mit bestimmten Versuchungen zu kämpfen haben. Wir ziehen unwillkürlich den falschen Schluß, daß sie beweisen, welch furchtbare Sünder wir sind. Diese Haltung stammt aus verletztem Stolz. Wir hatten Besseres von uns erwartet, als auf solche Versuchungen hereinzufallen, und sind sehr von uns enttäuscht. So verlieren wir den Mut. Der verletzte Stolz und die Enttäuschung über die Art der Versuchungen können unsere Kondition mehr schwächen, als die Versuchungen selbst. Mutlosigkeit ist ja nie eine Frucht der Demut, sondern immer des Stolzes.

»Ein jeder aber wird versucht, wenn er von seiner eigenen Lust fortgezogen und gelockt wird. Danach, wenn die Lust empfangen hat, gebiert sie Sünde, die Sünde aber, wenn sie vollendet ist, gebiert den Tod« (Jakobus 1,14-15).

Die Sünde besteht nicht darin, gelockt zu werden. Sünde geschieht erst, wenn wir der Verlockung folgen. Das Wort »Lust« ist hier das gleiche wie in Lukas 22,15, wo der Herr sagte: »Mit Sehnsucht habe ich mich gesehnt, dieses Passah mit euch zu essen.« Es drückt tiefes Verlangen aus.

Es ist keine Sünde, sich etwas zu wünschen. Ich sehe eine Orange in einem Geschäft und wünsche mir eine. Das ist noch keine Sünde. Erst wenn der Wunsch den Diebstahl »empfangen« hat, geschieht Sünde.

Viele zartbesaitete Christen quälen sich mit detaillierten Gewissensspiegeln, um festzustellen, ob sie der Versuchung vielleicht doch ein ganz klein wenig zugestimmt haben. Das ist nicht gut. Auf diese Weise beschwören sie das Risiko herauf, derselben Versuchung doch noch zu unterliegen, weil sie sie in Gedanken in allen Einzelheiten noch einmal durchgehen. Wir sollten uns mindestens so vorsichtig wie eine Uhr behandeln. Wir würden eine Uhr nicht selbst auseinandernehmen und nachschauen, was ihr fehlt. Nein, das würden wir nicht riskieren, sondern wir bringen sie zu einem Fachmann, der etwas davon versteht, der die Ursache sofort erkennt und sie reparieren kann. In unserem Fall ist der Fachmann Gott, der unser delikates Innere gemacht hat und sofort erkennt, was uns fehlt, und uns wieder in Ordnung bringen kann. In Sachen Versuchung ist es daher am besten, sich ohne große Selbstanalyse dem Herrn zu überlassen und Ihm die ganze Angelegenheit anzuvertrauen.

»Seid nüchtern, wacht! Euer Widersacher, der Teufel, geht umher wie ein brüllender Löwe und sucht, wen er verschlingen könne. Dem widersteht standhaft durch den Glauben« (1. Petrus 5,8-9a).

Den Teufel brüllen hören ist noch keine Sünde. Aber stehenzubleiben und mit ihm zu »brüllen« oder uns seinem Brüllen zu fügen, das ist Sünde. Es ist keine Sünde, böse Menschen auf der Straße fluchen zu hören. Aber uns zu ihnen gesellen und es ihnen gleichtun ist Sünde. »Schau nicht auf die Versuchung, schau auf den Herrn.« Das drückt eine tiefe Wahrheit aus. Ich meine, man sollte auch so wenig wie möglich Versuchungen im Gebet ausführlich mit Gott besprechen, weil das Gebet uns dann verstärkt auf die Versuchung schauen läßt. Das Beste ist, einfach unser Herz dem Herrn zuzuwenden, wie ein Kind sich zur Mutter wendet, den Blick von der Versuchung weg auf Jesus zu richten und Ihn mit der Versuchung fertig werden lassen.

Fenelon meint: »Eine direkte Auseinandersetzung mit Versuchungen hat meist zur Folge, daß sie stärker werden. Wir sollten uns einfach vom Bösen abwenden und Gott zuwenden. Ein kleines Kind, das ein Monster sieht, bereitet sich nicht auf einen Kampf mit ihm vor. Es schaut das Monster gar nicht an, sondern versteckt sich flink hinter der Mutter. Dort ist es sicher. Wenn wir versuchen, unsere Feinde aus eigener Kraft anzugreifen, werden wir selbst verwundet oder gar total besiegt. Wenn wir uns einfach an Gott halten, finden wir schnell die nötige Kraft.«

»Denn alles, was aus Gott geboren ist, überwindet die Welt; und dies ist der Sieg, der die Welt überwunden hat: unser Glaube. Wer ist es, der die Welt überwindet, wenn nicht der, welcher glaubt, daß Jesus der Sohn Gottes ist?« (1. Johannes 5,4-5).

Es ist Gottes Wille, daß alle, die aus Ihm geboren sind, die Welt überwinden. Das können wir nur im Glauben. Wir müssen den Herrn zwischen uns und die Versuchungen stellen. Wir müssen ihnen im Vertrauen auf Gottes Kraft widerstehen. Wir müssen mit Gottes Sieg rechnen. Vor allem dürfen wir uns keine Vorwürfe wegen der Versuchungen machen, sondern uns glücklich schätzen, daß wir die Versuchung ertragen können. Es muß uns eine Freude sein, mit verschiedenen Versuchungen konfrontiert zu werden.

»Seid guten Mutes«, sagt unser göttlicher Meister. »Ich habe die Welt überwunden« (Johannes 16,33b). Es hilft ungemein, wenn wir Versuchungen als bereits überwunden angehen.

Die Sünde ist für uns ein bereits überwundener Feind. Der Herr Jesus Christus hat sie bekämpft und besiegt, und wir sind mehr als Überwinder in Ihm.

»Und sein Gott schaffte ihm Ruhe ringsumher.« Ich beende dieses Buch mit dem Gebet, alle Leser möchten sich vom Herrn diese Ruhe im Alltag schenken lassen.

Inhalt